HADIS edition

Tolle Torten aus Land- & Hofcafés
in Niedersachsen
2. Auflage
HADIS edition Limited,
Birmingham · Berlin, 2006

Hinweis:
Alle in diesem Buch enthaltenen Angaben – insbesondere die Zutaten und Zubereitungshinweise der einzelnen Rezepte – wurden von den jeweils genannten Cafés nach bestem Wissen erstellt und vom Verlag mit größtmöglicher Sorgfalt überprüft. Eine Verantwortung und Haftung für etwaige inhaltliche Unstimmigkeiten und Fehler kann jedoch nicht übernommen werden.

Konzept und Redaktion:
Hans-Dieter Lucas, Berlin

Fotos:
Peter Schulze, Berlin
Hans-Dieter Lucas

Layout:
Gregor Kastner, Berlin
Satz und Druckdatenerstellung:
Nadine Lucas, Berlin
Website-Layout & -programmierung:
Stephan Lucas, Berlin

Druck:
Druckhaus Berlin-Mitte

ISBN 3-939593-00-1
978-3-939593-00-3

Tolle TORTEN
aus Land- & Hof-CAFÉs

73 tolle Torten aus
40 Land- und Hofcafés
in Niedersachsen

Selber backen oder …

Bei uns ist es die Mohrenkopftorte – ein Biskuitboden aus fünf Eiern, zweimal geteilt, einmal nur mit Buttercreme und einmal zusammen mit schwarzen Johannisbeeren gefüllt. Das Ganze dann komplett mit einer Hartfett-Bitterschokoladen-Glasur umhüllt und je nach Anlass mit bunten Streuseln oder Buttercreme dekoriert.

Die gab es zu jedem Geburtstag, zu Taufen, Hochzeiten, zu Weihnachten und manchmal auch zu Ostern. Sonst nie. Auch andere Sonn- und Feiertage versüßten wir uns mit einer Torte, aber eben nicht mit einem Mohrenkopf.

Meine Mutter hatte das Rezept von ihrer Mutter und die wahrscheinlich auch schon geerbt. In unserer Familie wird diese Torte bis heute verehrt, leider nicht ganz so konsequent. An manchem Geburtstag wünscht sich der Jubilar schon mal etwas weniger Kalorienhaltiges. Aber wenn die Mohrenkopftorte auf der festlich gedeckten Kaffeetafel erscheint, weiß jeder, dass jetzt ein besonderes Ereignis gefeiert wird.

Sie kennen das sicher, vermutlich ist auch Ihr Leben von einer einzigartigen Familien-Torte begleitet, die Sie immer wieder an fröhliche und ausgelassene Feiern erinnert. Und deren Geheimrezept vielleicht auch über Generationen weitergereicht wurde.

Als wir die Idee hatten, anlässlich der Niedersächsischen Landesgartenschau in Winsen an der Luhe die schönste Torte Norddeutschlands zu küren, rechneten wir mit vielleicht drei bis vier Dutzend Anmeldungen. Dass es schließlich weit über 150 wurden, hatten wir uns selbst in den kühnsten Träumen nicht vorgestellt. Mehr noch: Kaum eine glich der anderen. Eine ungeahnte Vielfalt sollten wir erleben.

Da das Echo auf diesen ungewöhnlichen Wettbewerb besonders aus den Land- und Hofcafés in Niedersachsen, Schleswig-Holstein und auch aus einigen in Mecklenburg-Vorpommern widerhallte, beschlossen wir kurzerhand, einen möglichst breiten Querschnitt dieser einmaligen Kunstwerke der Öffentlichkeit in zwei Büchern zu präsentieren. Bei dieser Arbeit lernten wir nicht nur tolle Torten sondern auch ausgesprochen freundliche und liebenswerte Gastgeber kennen.

Die Fotos entstanden alle in diesen Land- und Hofcafés. Nicht eines im Atelier. Wir haben uns bemüht, die Torten so ins rechte Licht zu rücken, dass auch Sie immer gleich einen Eindruck von dem Ambiente erhalten, das dort auf Sie wartet. Das kleine Panoramabild auf den einzelnen Rezeptseiten soll dieses Bemühen noch unterstützen.

Wir danken an dieser Stelle allen beteiligten Cafés für ihre Bereitschaft, einige ihrer Rezepte öffentlich zu machen, und für die völlig unkomplizierte Art der Zusammenarbeit, die das Entstehen dieser beiden tollen Torten-Bücher in nur wenigen Wochen überhaupt möglich gemacht hat.

Stellvertretend für alle Freunde und Kollegen, die uns bei diesem Projekt ebenso freundlich und hilfreich zur Seite standen, sei besonders Günter Lamprecht für seine zahlreichen kompetenten Ratschläge und Hinweise gedankt.

Nun ist es an Ihnen, liebe Leser. Sie können jetzt selbst versuchen, diese wunderbaren Köstlichkeiten herzustellen. Sollte es nicht gleich gelingen – nicht verzagen: Folgen Sie einfach mit Hilfe der nummerierten Kaffeekanne bei jedem Rezept und der Legende am Ende des Buches der Spur zum Ursprung dieser tollen Torten. Dort wird man Sie – da sind wir ganz sicher - nach allen Regeln ländlicher Gastlichkeit verwöhnen.

... sich verwöhnen lassen

Inhalt

Café Luise - Neustadt

Zutaten

Schoko-Biskuit

4 Eier
200g Zucker
1 Prise Salz
1 Päckchen Vanillezucker
80g Mehl
80g Speisestärke
2 EL Kakaopulver
1 gestrichener TL Backpulver

Heller Biskuit

4 Eier
200g Zucker
1 Prise Salz
1 Päckchen Vanillezucker
100g Mehl
100g Speisestärke
1 gestrichener TL Backpulver

Füllung

1,5 Liter Sahne
100g Kokosflocken
1 Dose (850g) Ananas
2 EL Kakao
2 EL Zucker
6 cl Kokoslikör

Dekoration

200g Marzipan
100g Puderzucker
200 ml Sahne
12 Deko-Schmetterlinge
4 Würfel Palmin
2 EL Kakao
2 EL Puderzucker
1 Ei

Zubereitung

Schoko-Biskuit

1. Eier, Zucker und Salz mit dem Mixer schaumig rühren, bis sich der Zucker vollständig aufgelöst hat.
2. Die restlichen Zutaten vorsichtig unterrühren.
3. In eine mit Backpapier ausgelegte 28er Springform geben und bei 175°C etwa 25 Minuten backen.
4. Nach dem Auskühlen einmal waagerecht durchschneiden.

Heller Biskuit

1. Aus den Zutaten wie oben angegeben einen hellen Biskuit backen.
2. Nach dem Auskühlen zweimal waagerecht durchschneiden.

Weiterverarbeitung

1. Sahne steif schlagen.
2. Unter die eine Hälfte Kokosflocken und Ananas unterheben.
3. Einen Schoko-Biskuitboden und zwei helle Biskuitscheiben mit Kokoslikör beträufeln.
4. Auf einen beträufelten hellen Biskuit Ananas-Sahne verstreichen, einen beträufelten Schoko-Biskuit darauflegen und darauf wieder Ananas-Sahne verstreichen.
5. Mit dem zweiten hellen Biskuit zudecken, Ananas-Sahne verstreichen, den zweiten Schoko-Biskuit darauflegen, Ananas-Sahne verstreichen und schließlich mit dem dritten hellen Biskuit zudecken.
6. Jetzt unter den Rest der Sahne den Kakao und den Zucker rühren und die Torte rundherum mit Sahne bestreichen.
7. Marzipan mit Puderzucker verkneten, zu einer runden Platte ausrollen und diese auf die Torte legen.
8. Palmin leicht erhitzen bis es flüssig ist.
9. Kakao, Puderzucker und Ei verrühren, dann das abgekühlte Palmin unterrühren.
10. Die Marzipandecke mit der Glasur bestreichen.
11. Mit Sahnetupfen und Schmetterlingen garnieren.

Ananas-Schokotorte

Landcafé Feuerschütz - Bergen

Zutaten

Knetteig

200g Weizenmehl
1 TL Backpulver
100g Zucker
1 Prise Salz
1 Päckchen Vanillezucker
1 Ei
125g Butter (etwas zerlassen)

Käsemasse

125g Butter
200g Zucker
6 Eier
½ Tasse heißes Wasser
500g Speisequark
2 kleine Becher Apfel-Vanille-Joghurt
1 Zitrone
1 Päckchen Vanillezucker
200g flüssige Schlagsahne
2 - 3 gehäufte EL Speisestärke

Füllung

10-15 nicht zu große Äpfel
125g „Back-Stuben Mohn-Fix"

Zubereitung

Knetteig

1 Die Zutaten zu einem Teig verkneten.
2 Den Knetteig in eine 28er mit Backpapier ausgelegte Springform geben und den Rand etwas erhöhen. Den Teig mit einer Gabel mehrmals einstechen.
3 In einem auf ca. 160°C vorgeheizten Backofen (Ober- und Unterhitze) etwa 15 bis 20 Minuten backen.
4 Wenn der Boden fertig ist, den Backofen auf 50°C zurückstellen.
5 Nach Abkühlung des Bodens den Springformrand leicht lösen und ringsherum einen Rand aus Backpapier (ca. 10 cm Höhe) stellen. Dann den Rand wieder schließen.

Käsemasse

1 Eier trennen und das Eiweiß mit der Hälfte des Zuckers und dem Vanillezucker steif schlagen und beiseite stellen.
2 Eigelb mit Wasser und restlichem Zucker cremig rühren.
3 Die zerlassene Butter hinzufügen und weiter schlagen.
4 Speisequark, Joghurt und Sahne zufügen.
5 Zum Schluss die Speisestärke und die geriebene Schale der Zitrone dazugeben und alles noch langsam weiter rühren.
6 Die Masse dann ein wenig ruhen lassen.

Füllung

1 Mit einem Apfelausstecher jeweils die Kerngehäuse der Äpfel entfernen und danach schälen.
2 Die Äpfel auf den vorbereiteten Springformboden mit Backpapierrand stellen. Die ausgestochenen Äpfel bis zur Hälfte mit der Mohnmasse (entsprechend der Anweisung auf dem „Back-Stuben Mohn-Fix" zubereitet) füllen.
3 Nun die Masse in eine größere Schüssel geben und den Eischnee unterheben.
4 Die Käsemasse über die Äpfel gießen und leicht glatt streichen.
5 Im Backofen bei 150°C (Ober- und Unterhitze) etwa 80 Minuten backen.
6 Den Kuchen in der Form erkalten lassen.

Apfelkäsetorte mit Mohn

Bauernhofcafé Janßen - Rastede-Hostemost

Zutaten

Biskuitteig

100g Zucker
6 Eier
2 TL Vanillinzucker
60g Zwieback
130g gemahlene Haselnüsse
½ TL Backpulver

Belag

400g Pflaumen (aus dem Glas)
¼ Liter Fruchtsaft oder Wasser
1 Päckchen Tortenguss
2 EL Zucker

Füllung

800 ml Sahne
1 TL Vanillinzucker
2 TL Sahnesteif

Garnitur

geröstete oder gehobelte Mandeln

Zubereitung

Biskuitteig

1 Eier und Zucker mit dem Mixer oder Schneebesen so lange schaumig rühren, bis der Zucker vollständig aufgelöst ist.
2 Den Zwieback zerbröseln und mit den anderen Zutaten unter die Masse heben.
3 In einer mit Backpapier ausgelegten 28er Springform bei ca. 160°C etwa 35 Minuten backen und abkühlen lassen.
4 Den ausgekühlten Boden einmal waagerecht durchschneiden.

Füllung

1 Die Pflaumen abtropfen lassen und auf einer Hälfte des Biskuitbodens gleichmäßig verteilen.
2 Den Fruchtsaft (oder Wasser) mit dem Zucker und dem Tortengusspulver nach Anleitung auf der Verpackung zu einem Guss verarbeiten und diesen warm über die Pflaumen geben.
3 Alles abkühlen lassen.

Weiterverarbeitung

1 Die Sahne mit dem Vanillinzucker und dem Sahnesteif steif schlagen.
2 Etwas davon zur Dekoration zurück behalten.
3 Ein Viertel der Sahne auf den Pflaumen verstreichen.
4 Mit der zweiten Hälfte des Biskuitbodens zudecken.
5 Mit dem Rest der Sahne die ganze Torte bestreichen.
6 Zwölf Sahnehäubchen gleichmäßig auf dem Rand verteilen und die ganze Torte mit gerösteten, gehobelten Mandeln verzieren.

Badische Pflaume

Altländer Obsthof - Hollern

Zutaten

Teig

150g Weizenmehl
2 gestrichene TL Backpulver
100g Zucker
2 Eier
75g Butter

Belag

7 mittelgroße Äpfel
½ Zitrone
600 ml Apfelsaft
120g Zucker
½ Liter Sahne
250g Schmand
7 Blatt Gelatine

Dekoration

3 Eier
150g Zucker
1 Päckchen Tortenguss (klar)

Zubereitung

Teig

1 Mehl, Backpulver, Zucker, Eier, flüssige Butter und Milch zu einem cremigen Teig mischen.
2 Den Teig in die mit Backpapier ausgelegte 28er Springform geben und glatt streichen.
3 In einem vorgeheizten Backofen (Ober-/Unterhitze: 180°C) etwa 25 Minuten backen.

Belag

1 Äpfel schälen, in Spalten schneiden und den Saft einer halben Zitrone darüber träufeln.
2 Dann die Äpfel kurz im Apfelsaft aufkochen und abkühlen lassen.
3 Den erkalteten Boden aus der Form lösen und einen Tortenring darum stellen.
4 Die Gelatine in kaltem Wasser einweichen, ausdrücken und in einem kleinen Topf erwärmen (nicht kochen) bis sie völlig gelöst ist.
5 Die Sahne steif schlagen und den Schmand mit dem Zucker unterheben.
6 Jetzt die Gelatine unterrühren und die Creme auf dem Tortenboden verteilen.
7 Die Torte ca. 1 ½ Stunden kalt stellen.

Dekoration

1 Das Eiweiß steif schlagen und den Zucker unterrühren.
2 Jetzt 60 Tupfen auf das Backblech setzten und bei knapp 90°C (Umluft) in der mittleren Schiene trocknen (ca. 40 Minuten).
3 Die Apfelspalten fächerartig auf die Torte legen.
4 Den Tortenguss nach Packungsanleitung zubereiten und auf der Torte verteilen. Etwa 20 Minuten kalt stellen.
5 Dann die Baiser von außen nach innen auf der Torte verteilt.

Beckmanns-Apfeltraum

Flora Farm Ginseng-Café - Walsrode

Zutaten

Nuss-Teig

180g Margarine
180g Zucker
1 Ei
180g gemahlene Haselnüsse
200g Mehl
1 Messerspitze Backpulver

Füllung

¾ Liter Schlagsahne
etwas Zucker
1 Glas Blaubeeren oder
250g frische Blaubeeren
etwas Blaubeerkonfitüre

Zubereitung

Nuss-Teig

1 Margarine, Zucker und Ei gut verrühren.
2 Haselnüsse, Mehl und Backpulver unterkneten.
3 Aus dem Teig 5 dünne Böden jeweils in einer mit Backpapier ausgelegten 30er Springform etwa 15 Minuten bei 175°C backen.
4 Einen dieser Böden in noch warmem Zustand in 12 gleiche Stücke schneiden. Dann alle Böden abkühlen lassen.

Weiterverarbeitung

1 Das Blaubeerkompott abtropfen lassen.
2 Die Sahne mit etwas Zucker (nach Geschmack) steif schlagen.
3 Auf den ersten Boden das Blaubeerkompott oder frische Blaubeeren aufbringen.
4 Mit dem zweiten Boden zudecken.
5 Etwas Sahne für 12 Sahnehäubchen reservieren.
6 Auf den zweiten, dritten und vierten Boden die geschlagene Sahne verteilen und aufschichten.
7 Zwölf Sahnetupfer gleichmäßig auf dem Tortenrand verteilen und jeweils etwas Blaubeerkonfitüre aufsetzen.
8 Den in zwölf Stücke geschnittenen Boden fächerförmig auflegen.

Blaubeer-Blätternuss-Torte

Flora Farm Ginseng-Café - Walsrode

Zutaten

Boden

250g Butter
250g Zucker
4 Eier
250g Mehl
½ Päckchen Backpulver
6 cl Cognac

Creme

250g Butter
1 Päckchen Vanillepudding
1 Päckchen Schokoladenpudding
1 Liter Milch
4 EL Zucker

Füllung

125 ml Johannisbeergelee
500g Marzipan
40g Puderzucker

Zubereitung

Boden

1 Butter, Zucker und Eier schaumig schlagen.
2 Mehl und Backpulver in die Schaummasse einrühren.
3 Acht dünne Böden jeweils in einer mit Backpapier ausgelegten 30er Springform etwa 15 Minuten bei 175°C backen und abkühlen lassen.
4 Die erkalteten Böden mit Cognac bestreichen.

Creme

1 Einen Vanillepudding aus 500 ml Milch und Zucker entsprechend der Anleitung auf dem Puddingpulver-Päckchen kochen und erkalten lassen.
2 125g Butter schaumig rühren und den Pudding während des Rührens löffelweise dazu geben. Butter und Pudding müssen etwa die gleiche Temperatur haben.
3 Auf die gleiche Weise aus einem halben Liter Milch und 125g Butter eine Schokoladenbuttercreme herstellen.

Weiterverarbeitung

1 Die Hälfte des Puderzuckers auf eine Arbeitsplatte geben. Das Marzipan mit dem restlichen Puderzucker dünn ausrollen.
2 Zunächst eine runde Scheibe in der Größe der Torte ausschneiden.
3 Den Rest für die Decke neu ausrollen.
4 Den ersten Boden mit Johannisbeergelee, den zweiten mit heller Buttercreme und den dritten mit dunkler Buttercreme bestreichen.
5 Den vierten Boden mit der Marzipanplatte belegen, den fünften Boden mit heller Buttercreme, den sechsten mit dunkler Buttercreme und den siebenten mit Johannisbeergelee bestreichen.
6 In dieser Reihenfolge alle Böden übereinander legen, mit dem achten Boden zudecken und mit Marzipan komplett umschließen.

Dekoration

Nach Lust, Laune und Anlass. Beispielsweise aus mit Lebensmittelfarbe gefärbtem Marzipan eine Ginseng-Pflanze gestalten.

Bockhorner Spezialtorte

Bauernhofcafé In´t Hürhus - Emsbüren

Zutaten

Mürbeteig

250g Mehl
150g Margarine
150g Zucker
½ Päckchen Backpulver
1 Päckchen Vanillezucker
1 Ei

Füllung

7-8 Äpfel (Boskop)
3 Becher (600g) Schlagsahne
80g Zucker
1 Päckchen Vanillezucker
1 Päckchen Vanillepudding-pulver
Vanilleeis und Schlagsahne zum Servieren

Zubereitung

Mürbeteig

1 Die Zutaten zu einem Mürbeteig verkneten und kurz kühl stellen.
2 Den Teig in eine mit Backpapier ausgelegte 28er Springform geben, an den Rändern etwas nach oben formen und bei etwa 200°C ungefähr 10 Minuten vorbacken.
3 In der Springform lassen.

Weiterverarbeitung

1 Die Äpfel schälen, in Spalten schneiden und auf dem vorgebackenen Tortenboden verteilen.
2 Aus den restlichen Zutaten einen Vanille-Sahne-Pudding kochen und über die Äpfel gießen.
3 Bei etwa 170°C ungefähr 60-70 Minuten zu Ende backen.
4 Warm, mit Vanilleeis und Schlagsahne, servieren.

TIPP

Die Bratapfel-Torte lässt sich auch prima Stück für Stück in der Mikrowelle erwärmen.

Bratapfel-Torte

Café Hof Uffenbeck - Melle-Küingdorf

Zutaten

Mürbeteig

500g Mehl
1 TL Backpulver
250g Zucker
1 Päckchen Vanillezucker
250g Butter
1 Prise Salz
2 Eier

Buttercreme

½ Liter Milch
1 Päckchen Vanille-Puddingpulver
4 EL Zucker
1 Päckchen Vanillezucker
200g Butter

Dekoration

schwarze Johannisbeeren
kleine grüne Blätter

Zubereitung

Mürbeteig

1 Die Zutaten zu einem Mürbeteig verkneten und etwa 30 Minuten kühl ruhen lassen.
2 Nacheinander daraus 5 dünne Böden jeweils in einer 28er Springform flach aufdrücken und etwa 10 bis 12 Minuten bei 175°C backen.

Weiterverarbeitung

1 Aus den Zutaten – bis auf die Butter – einen Vanillepudding kochen.
2 Den Pudding abkühlen lassen.
3 Die weiche Butter glatt rühren und den Pudding – er sollte jetzt die gleiche Temperatur wie die Butter haben - löffelweise unterrühren.
4 Vier Böden erst mit Buttercreme, dann dünn mit Johannisbeer-Gelee bestreichen und aufeinander setzen.
5 Den letzten Boden auflegen und mit Buttercreme bestreichen.
6 Zum Schluss mit einigen schwarzen Johannisbeeren verzieren.

TIPP

Die Torte sieht besonders schön aus, wenn man die Johannisbeeren noch mit einigen kleinen Blättern dekoriert.

Buttercreme-Schichttorte

Café Bornbachtal - Stadensen

Zutaten

Boden

150g Zucker
150g Mehl
6 Eier
2 TL Backpulver

Füllung

100g Instantpulver für Cappuccino
30g Zucker
750 ml Sahne

Zubereitung

Boden

1 Die Eier mit einem Mixer schaumig schlagen.
2 Dann auf kleiner Stufe langsam Zucker, Mehl und Backpulver unterrühren.
3 Danach den Teig in eine, mit Backpapier ausgelegte, 28er Springform füllen.
4 Im vorgeheizten Ofen bei 175°C etwa 30 Minuten auf mittlerer Schiene backen.

Weiterverarbeitung

1 Den fertigen Boden aus der Form lösen und abkühlen lassen.
2 Die Sahne mit dem Zucker steif schlagen und das Cappuccino-Pulver untermischen.
3 Den Boden zweimal waagerecht durchschneiden und mit der Cappuccino-Sahne füllen.
4 Den Rest der Sahne ringsherum verstreichen.
5 Nach Belieben dekorieren, beispielsweise mit Sahne, Schokostücken und Cappuccinopulver.

Cappuccino-Sahne-Torte

Café Luise - Neustadt

Zutaten

Schoko-Biskuit

4 Eier
200g Zucker
1 Prise Salz
1 Päckchen Vanillezucker
80g Mehl
80g Speisestärke
2 EL Kakaopulver
1 gestrichener TL Backpulver

Heller Biskuit

4 Eier
200g Zucker
1 Prise Salz
1 Päckchen Vanillezucker
100g Mehl
100g Speisestärke
1 gestrichener TL Backpulver

Füllung

1,5 Liter Sahne
2 EL Cappuccino-Pulver
2 EL Zucker
6 cl Amaretto

Dekoration

16 Kaffeebohnen

Zubereitung

Schoko-Biskuitteig

1 Eier, Zucker und Salz mit dem Mixer schaumig rühren, bis sich der Zucker vollständig aufgelöst hat.
2 Die restlichen Zutaten vorsichtig unterrühren.
3 In eine mit Backpapier ausgelegte 28er Springform geben und bei 175°C etwa 25 Minuten backen.
4 Nach dem Auskühlen zweimal waagerecht durchschneiden.

Heller Biskuit

1 Aus den Zutaten wie oben angegeben einen hellen Biskuit backen.
2 Nach dem Auskühlen zweimal waagerecht durchschneiden.

Füllung

1 Die Sahne steif schlagen.
2 Cappuccinopulver, Zucker und Amaretto nacheinander unterheben.

Weiterverarbeitung

1 Zuerst einen hellen Boden auf die Tortenplatte legen, mit Amaretto beträufeln und mit Cappuccino-Sahne bestreichen.
2 Dann einen hellen und einen dunklen Boden gleichmäßig mit Tortenausstechringen ausstechen (1x 10 cm, 1x15 cm und 1x20 cm Durchmesser) und abwechselnd einen hellen Ring und einen dunklen Ring auf die Cappuccino-Sahne legen.
3 Dann wieder eine Schicht Cappuccino-Sahne und wieder abwechselnde Ringe von hellem und dunklem Biskuit – dieses Mal in umgekehrter Reihenfolge - auf die Sahnemasse geben.
4 Cappuccino-Sahne darauf verstreichen und zum Schluss einen dunklen Boden als Abschluss legen.
5 Die Torte mit Cappuccino-Sahne bestreichen und mit Sahne und Kaffeebohnen verzieren.

Cappuccinotorte

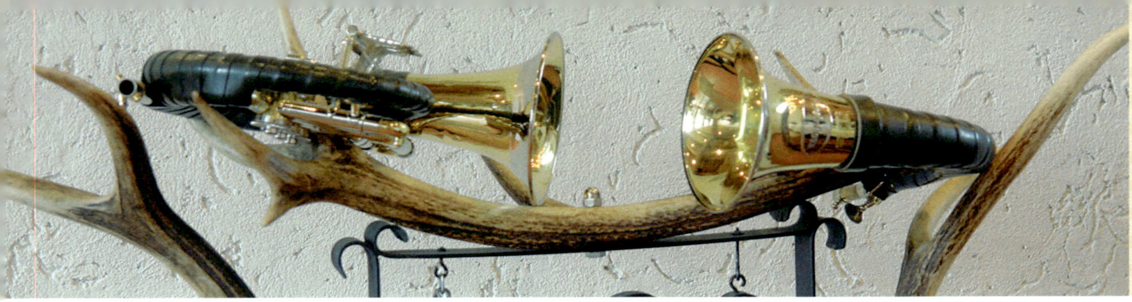

Landcafé Feuerschütz - Bergen

Zutaten

Biskuit

5 frische Eier
1/2 Tasse heißes Wasser
200g Zucker
1 Päckchen Vanillezucker
1 unbehandelte Zitrone
1 Prise Salz
80g Mehl
80g Speisestärke
1 TL Backpulver

Füllung

½ Liter halbtrockener Sekt
1 ½ Päckchen Dr. Oetker Aranca Zitronenpudding
750 ml Schlagsahne
Zucker nach Geschmack
1 mittlere Dose Ananas

Dekoration

75g Butter
3 Päckchen Vanillezucker
2 EL Zucker

Zubereitung

Biskuit

1 Die Eiweiße von den Eigelben trennen.
2 Die Eiweiße mit der Hälfte des Zuckers und dem Vanillezucker steif schlagen und beiseite stellen.
3 Die Eigelbe mit dem Wasser, dem restlichen Zucker, der abgeriebenen Zitronenschale und einer Prise Salz cremig rühren.
4 Mehl, Speisestärke und Backpulver mischen, über die Eigelbmasse geben und unterrühren.
5 Wenn kein Mehl mehr zu sehen ist, das geschlagene Eiweiß unterheben.
6 In eine 28er - mit Backpapier ausgelegte - Springform füllen und glatt streichen.
7 Bei 180°C etwa 20 Minuten backen.

Füllung

1 Zwei Becher Schlagsahne (1/2 Liter) steif schlagen, mit Zucker süßen und beiseite stellen.
2 Sekt und Aranca Zitronenpudding nach Anweisung schlagen.
3 Die Sahne unterheben und die Masse gut verrühren.
4 Die Ananas gut abtropfen lassen und in kleine Würfel schneiden. Danach für die Dekoration etwa 20 Ananaswürfel zurückbehalten.
5 Die restlichen Ananaswürfel in die Sekt- Sahne-Masse geben und unterheben.
6 Nun den Biskuitboden zweimal durchschneiden - die beiden unteren werden nur benötigt.
7 Die erste Biskuit-Scheibe auf eine Tortenplatte legen und einen Tortenring herumstellen.
8 Die Hälfte der Sekt-Sahne-Ananas-Masse gleichmäßig darauf verteilen.
9 Den anderen Boden auflegen, die restliche Masse darauf verteilen und glatt streichen.
10 Über Nacht in den Kühlschrank stellen.

Dekoration

1 In einer Bratpfanne etwa 75 Gramm Butter schmelzen.
2 Das obere Drittel des Biskuitbodens hineinbröseln.
3 Drei Päckchen Vanillezucker und 2 EL Zucker darüber verteilen und die Biskuit-Brösel bei ganz kleiner Hitze rösten. Alles abkühlen lassen.
4 Den Ring von der Torte entfernen.
5 Restliche Sahne steif schlagen und die Torte damit dekorieren. Ananaswürfel auf die Sahnetupfen setzen.
6 In die Mitte der Torte die erkalteten Biskuit-Brösel geben.

Champagnertorte mit Ananas

Café Hof Blanken - Fischerhude

Zutaten

Dinkel-Mürbeteig

250g Dinkelmehl
125g Zucker
65g Margarine
2 Eigelb
½ TL Backpulver

Quarkmasse

150g Zucker
150g Margarine
3 Eier
500g Quark
1 EL Vanillepudding-Pulver
400g Johannisbeeren

Baisermasse

2 Eiweiß
100g Zucker

Zubereitung

Dinkel-Mürbeteig

1 Die angegebenen Zutaten gut miteinander verkneten (bleibt bröselig).
2 Den Teig in eine mit Backpapier ausgelegte 30er Springform geben.

Quarkmasse

1 Zucker, Margarine und Eier miteinander schaumig rühren.
2 Quark und Vanillepudding-Pulver unterrühren.

Weiterverarbeitung

1 Die Quarkmasse auf dem Dinkel-Mürbeteig verteilen und mit den Johannisbeeren bestreuen.
2 Bei 160°C etwa 40 Minuten backen.
3 Eiweiß aus 2 Eiern und 100 Gramm Zucker zu steifem Eischnee schlagen.
4 Den Eischnee auf den heißen Kuchen geben und weitere 10 Minuten backen, bis diese Baisermasse goldgelb geworden ist.
5 Nach Belieben mit etwas Sahne verzieren oder diese in einer Schüssel dazu servieren. (Schmeckt auch ohne Sahne sehr gut.)

Dinkel-Johannisbeer-Quark-Baiser

Eggershof-Café - Soltau

Zutaten

Schokobiskuit

- 7 Eier
- 250g Zucker
- 150g Mehl
- 50g Stärke
- 50g Kakaopulver
- 60g flüssige Butter

Biskuit

- 5 Eier
- 2 Eigelb
- 150g Zucker
- 150g Mehl
- ½ TL geriebene Zitronenschale
- 30g Stärke
- 90g flüssige Butter

Mürbeteig

- 100g Butter
- 1 Prise Salz
- 50g Puderzucker
- 150g Mehl
- 20g Mandelgrieß
- 1 Ei
- 1 Prise Zimt

Champagnercreme

- 1 Flasche Champagner
- 100 ml Zitronensaft
- 700g Zucker
- 200g Vanillecremepulver
- 10 Eigelb
- 1 kg Butter

Schokoladenmousse

- 175g dunkle Kuvertüre
- 1 Ei
- 1 Eigelb
- 25g Zucker
- 2 cl Creme de Kakao
- 300 ml geschlagene Sahne
- 500g Marzipan

Zubereitung

Schokobiskuit

1 Die Eier und den Zucker warm über einem Wasserbad „aufschlagen" bis sich der Zucker aufgelöst hat, dann kaltrühren.

2 Das Mehl, die Stärke und den Kakao zusammenmischen und anschließend unter die Eimasse heben.

3 Die flüssige Butter zum Schluss unterheben. Bei 180°C in einer 28er Springform ca. 25 Minuten backen.

Biskuitteig

1 Aus den vorgegebenen Zutaten einen Biskuitboden herstellen (siehe Schokobiskuit)

2 Nach dem Erkalten einmal durchschneiden.

Mürbeteig

1 Butter und Salz mit dem Puderzucker vermengen.

2 Mehl und Mandelgrieß mit dem Zimt mischen.

3 Nun beide Massen mit dem Ei zusammenrühren und kalt stellen.

4 Ausrollen und in einer 28er Springform bei 200°C ca. 10 Minuten backen.

Champagnercreme

1 Champagner, Zitronensaft und Zucker zusammen aufkochen und mit dem angerührten Cremepulver abbinden.

2 Eigelb einrühren und noch mal aufkochen, abkühlen lassen und anschließend die zerlassene Butter einrühren.

Schokoladenmousse

1 Das Ei, Eigelb, Zucker und Creme de Kakao über einem Wasserbad schaumig aufschlagen.

2 Anschließend die geschmolzene Kuvertüre und die geschlagene Sahne unterheben.

3 Eine Stunde kalt stellen.

Canache

1 Milch und Sahne zusammen aufkochen.

2 Anschließend die Kuvertüre und das Nougat dazugeben und unter Rühren schmelzen lassen.

Weiterverarbeitung

1 Den Mürbeteig mit Kronsbeerenkonfitüre bestreichen.

2 Einen hellen Biskuitboden darauf legen und leicht andrücken.

3 Champagnercreme darauf verstreichen und mit dem dunklen Biskuit zudecken.

Eggershof Champagnertorte

50g Kronsbeerenkonfitüre
20g gemahlene Pistazien

Canache
100 ml Milch
100 ml Sahne
150g dunkle Kuvertüre
150g Nougat

4 Wieder Champagnercreme darauf streichen und mit dem zweiten hellen Biskuit zudecken.
5 Noch einmal Champagnercreme darauf streichen und alles mit der ausgerollten Marzipanplatte einhüllen.
6 Darüber die Canache streichen.
7 Mit Schokoladenmousse und Pistazien verzieren.

Landfrauen-Café Eitzmühlen - Selsingen/Lavenstedt

Zutaten

Mürbeteig

100g Butter
50g Puderzucker
1 Prise Salz
150g Mehl
1 Päckchen Vanillezucker
Aprikosenmarmelade

Biskuitboden

2 frische Eier
75g Zucker
75g Mehl
1 gestrichener TL Backpulver

Füllung

500g Quark
Saft einer Zitrone
1 Päckchen Vanillezucker
100g Zucker
6 Blatt Gelatine
2 Becher (400 ml) Sahne
frische Früchte wie Erdbeeren, Himbeeren, Kiwis, Bananen, Weintrauben
¼ Liter Fruchtsaft
1 Päckchen Tortenguss

Zubereitung

Mürbeteig

1 Die angegebenen Zutaten gut miteinander verkneten, zu einer Kugel formen und ca. eine Stunde kühl ruhen lassen.
2 Den Teig in einer mit Backpapier ausgelegten 28er Springform flach drücken.
3 Bei 175°C etwa 20 Minuten backen.

Biskuitboden

1 Eier und Zucker mit einem Mixer oder Schneebesen solange schaumig rühren, bis der Zucker komplett aufgelöst ist.
2 Mehl und Backpulver vorsichtig unterrühren.
3 Den Teig in eine mit Backpapier ausgelegte 28er Springform geben und bei 175°C etwa 10 bis 15 Minuten backen.

Weiterverarbeitung

1 Nach dem Abkühlen den Mürbeteig mit Aprikosenmarmelade bestreichen.
2 Den Biskuitboden auf den bestrichenen Mürbeteigboden legen. Einen Tortenring darumlegen.
3 Quark, Zitronensaft, Zucker und Vanillinzucker verrühren und mit der nach Vorschrift aufgelösten Gelatine verrühren.
4 Die Sahne steif schlagen und unter die Quarkmasse heben.
5 Die Masse auf die Böden geben und mit Früchten Ihrer Wahl belegen.
6 Aus dem Fruchtsaft nach Vorschrift auf der Tortenguss-Tüte einen Guss zubereiten und auf die Früchte geben.

Eitzter Fantasie

Zutaten

Boden

250g Cantuccini
(italienisches Mandelgebäck)
120g flüssige Butter

Füllung

500g Schichtkäse
500 ml Buttermilch
90g Zucker
1 Päckchen Vanillinzucker
400 ml Sahne
9 Blatt weiße Gelatine

Belag

500g Erdbeeren
7 Blatt rote Gelatine

Garnitur

Erdbeeren
Cantuccinikrümel

Zubereitung

Teig

1 Die Cantuccini fein zerbröseln und mit der flüssigen Butter vermischen.
2 Auf einem mit Backfolie ausgelegten Springformboden fest andrücken und 1 Stunde kalt stellen.

Füllung

1 Den Boden auf eine Tortenplatte stürzen und die Folie abziehen.
2 Die weiße Gelatine einweichen.
3 Den Schichtkäse, die Buttermilch, den Zucker und den Vanillinzucker miteinander verrühren.
4 Die aufgelöste Gelatine mit 2 Esslöffeln von der Creme verrühren. Dann alles mit der Creme verrühren und die geschlagene Sahne unterheben.

Weiterverarbeitung

1 Um den Boden den Rand der Springform stellen.
2 In diese Form die Creme einfüllen und glatt streichen.
3 Die Erdbeeren pürieren, mit Zucker abschmecken und mit 7 Blatt roter Gelatine verrühren.
4 Auf die Buttermilchcreme gießen und mit einem großen Löffel unterheben.
5 Einige Stunden kalt stellen.

Garnitur

Die Torte mit Erdbeeren, Sahnetupfern und einigen Cantuccini-Krümeln verzieren.

Erdbeer-Buttermilch-Torte

Bauerncafé Ole Müllern Schün - Müden/Örtze

Zutaten

Mürbeteig

150g Mehl
75g Butter
50g Zucker
1 Ei
½ Päckchen Vanillinzucker
1 Messerspitze Backpulver
1 Prise Salz

Biskuit

4 Eier
200g Zucker
½ Päckchen Vanillinzucker
1 Prise Salz
180g Weizenmehl
50g Weizenstärke
1 TL Vanillesoßenpulver
½ TL Backpulver

Schmandmasse

600g Schmand
½ Päckchen Vanillinzucker
130g Zucker
Zitronensaft einer halben Zitrone
8 Blatt Gelatine
1 Liter Sahne

Erdbeermasse

400g - 500g Erdbeeren
100 ml Erdbeersirup
50g Zucker
etwas Zitronensaft
5 Blatt rote Gelatine

Zubereitung

Mürbeteig

1 Alle vorgegebenen Zutaten gut miteinander verkneten und etwa eine Stunde ruhen lassen.
2 In eine mit Backpapier ausgelegte 30er Springform flach auf den Boden drücken.
3 Bei 185°C Ober- und Unterhitze ca. 14 Minuten backen.

Heller Biskuitteig

1 Eier, Zucker, Vanillinzucker und eine Prise Salz cremig rühren.
2 Das Weizenmehl, die Stärke, das Vanillesoßen- und das Backpulver vorsichtig unterheben.
3 Die Hälfte der Masse in eine 30er Form füllen. Bei 185°C ca. 20 Minuten backen.
4 Die andere Hälfte auf ein mit Backpapier ausgelegtes Backblech (30x40 cm) füllen und bei 185°C etwa 14 Minuten backen.
5 Aus dieser Platte eine Biskuitrolle formen. Dazu die Biskuit-Platte mit Erdbeermarmelade einstreichen und aufrollen.

Schmandmasse

1 Schmand, Zucker, Vanillinzucker und Zitronensaft verrühren.
2 Die vorher eingeweichte Gelatine mit einrühren.
3 Die Sahne steif schlagen und zum Schluss unterheben.

Erdbeermasse

1 Die Erdbeeren pürieren und mit den anderen Zutaten vermischen. Vorab die Gelatine nach Vorschrift auflösen.
2 Die nicht ganz gelierte Erdbeermasse unter die Schmandmasse heben, so dass Schlieren entstehen. Vorab etwa 200 Gramm von der Schmandmasse beiseite stellen.

Weiterverarbeitung

1 Den Mürbeboden mit Erdbeermarmelade bestreichen und einen dünnen Biskuitboden darauf legen. Danach einen Ring um die Torte legen.
2 Von der Biskuitrolle schmale Scheiben schneiden und auf den Biskuitboden als stehenden Rand legen.
3 Die Schmand-Erdbeer-Masse einfüllen und einen dünnen Biskuitboden oben darauf legen. Diesen Boden mit der reinen Schmandmasse bestreichen.
4 Die Torte etwa drei Stunden kalt stellen und fest werden lassen.
5 Mit einem Messer innen am Rand vorsichtig entlang schneiden, um den den Ring abzuziehen, anschließend mit Sahne und Erdbeeren garnieren.

Erdbeer-Schmandtorte

Hof-Café Bockelmann - Oberhaverbeck

Zutaten

Mandel-Mürbeteig

- 50g Butter oder Margarine
- 50g Zucker
- 60g gemahlene Mandeln
- 60g Mehl
- 1 Messerspitze Backpulver

Biskuitboden dunkel

- 2 Eier
- 75g Zucker
- 60g Mehl
- 15g Kakao-Pulver
- 1 gestrichener TL Backpulver

Vanille-Biskuitboden

- 2 Eier
- 75g Zucker
- 50g Mehl
- 25g Vanille Puddingpulver
- 1 gestrichener TL Backpulver

Bestrich

- etwa 30g Erdbeermarmelade
- 1 Liter Sahne
- 30g Kakaopulver
- 1 Päckchen Vanillezucker
- etwas feinen Zucker

Füllung & Creme

- 250g frische Erdbeeren
- 250g Magerquark
- 30g Puderzucker
- 50g Sahne

Schicht & Überzug

- 200g fruchtiger Erdbeerjoghurt
- 100g Sahne
- 200g Marzipan
- 75g Puderzucker
- 150g Kuvertüre

Zubereitung

Mandel-Mürbeteigboden

1 Alle Zutaten gut miteinander verkneten, eine Kugel formen und etwa eine Stunde kühl ruhen lassen.

2 Den Teig in eine mit Backpapier ausgelegte 28er Springform flach auf den Boden drücken und bei 180°C ca. 10 bis 12 Minuten abbacken. Dabei mehrmals mit einer Gabel einstechen und anschließend abkühlen lassen.

Dunkler Biskuit

1 Eier und Zucker so lange schaumig rühren, bis der Zucker vollständig aufgelöst ist.

2 Mehl, Kakao-Pulver und Backpulver vorsichtig unterheben.

3 Den Teig in einer mit Backpapier ausgelegten 28er Springform ca. 15 bis 18 Minuten bei 175°C abbacken.

4 Den ausgekühlten Biskuit einmal waagerecht durchschneiden.

Vanillebiskuit

Den Vanillebiskuit auf gleiche Weise herstellen und abkühlen lassen.

Weiterverarbeitung

1 Die Kuvertüre im Wasserbad schmelzen lassen.

2 Sechs bis acht feine Erdbeeren halbieren, für die spätere Dekoration bis zur Hälfte in die flüssige Schokolade tauchen und zur Seite legen.

3 Mit der restlichen Schokolade den Mürbeteigboden bestreichen.

4 Die restlichen Erdbeeren in kleine Würfel schneiden und etwas zuckern.

5 Den Mandelboden mit der Erdbeermarmelade bestreichen.

6 Die Sahne steif schlagen, ein wenig davon über die Marmelade streichen und mit dem Schokobiskuitboden abdecken.

7 Aus den genannten Zutaten ohne die Erdbeeren die Creme anrühren und die geschnittenen Erdbeeren unterheben. Diese Masse dann auf dem Schokoboden verteilen und mit einem Vanilleboden bedecken.

8 Den Erdbeerjoghurt mit etwa 100g Sahne zusammenrühren, auf dem Vanilleboden verteilen und mit dem letzten Vanilleboden abdecken.

9 Die restliche Sahne mit dem Kakaopulver, Vanillezucker und etwas feinem Zucker vermischen und die Torte mit dieser Kakaocreme bestreichen.

10 Das Marzipan mit dem Puderzucker verkneten und zu einer feinen dünnen Schicht ausrollen. Diese auf die fertige Torte legen.

11 Mit der restlichen Sahne und den in Schokolade getauchten halben Erdbeeren nach Belieben garnieren.

Feine Erdbeertorte

Annes Bauerncafé - Lutter-Nauen

Zutaten

Knetteigboden (2 Stück)

- **300g Mehl**
- **100g Zucker**
- **1 Päckchen Vanillinzucker**
- **130g Butter**
- **4 EL Wasser**

Belag

- **100g Butter**
- **100g Zucker**
- **4 EL Honig**
- **¼ Liter Sahne**
- **400g Mandeln**

Füllung

- **1 Glas Stachelbeeren**
- **2 EL Speisestärke**
- **¼ Liter Sahne**

Zubereitung

Knetteigböden

1. Alle Zutaten zu einem Teig verkneten.
2. Jeweils die Hälfte des Teiges in einer mit Backpapier ausgelegten 28er Springform bei 200°C etwa 15 Minuten backen.

Belag

1. Butter und Zucker erhitzen bis es leicht bräunt, danach den Honig dazugeben.
2. Weiter erhitzen bis alles gelöst ist.
3. Die Sahne hinzufügen und kochen lassen.
4. Danach die Mandeln hineingeben und kochen lassen, bis eine gebundene Masse entsteht.
5. Alles auf die beiden Böden gleichmäßig verteilen und trocknen lassen.

Füllung

1. Die Speisestärke in den Stachelbeersaft einrühren und aufkochen lassen.
2. Danach die Stachelbeeren dazugeben.
3. Diese Masse auf dem unteren Boden verteilen.
4. Den oberen Boden in 12 Stücke schneiden.
5. Die Sahne auf die Stachelbeeren des unteren Bodens spritzen und die 12 Stücke fächerartig dagegen stellen.

Florentiner Stachelbeertorte

Zutaten

Mürbeteig

75g geriebene Mandeln
75g Mehl
100g Butter
50g Zucker

Biskuitteig

2 Eier
60g Zucker
1 Messerspitze abgeriebene Zitronenschale
100g Mehl
1 gestrichener TL Backpulver
2 EL Aprikosenmarmelade

Belag

3 Blatt rote Gelatine
300g Himbeeren
250g Erdbeeren
100g Zucker
100 ml Wasser
1 Päckchen Vanillepudding-pulver

Füllung

500g Magerquark
200g Doppelrahmfrischkäse
250g Vanillejoghurt
100g Zucker
8 Blatt weiße Gelatine
1 Päckchen Vanillezucker
Saft und Schale einer unbehandelten Zitrone
250g Sahne

Verzierung

100g Sahne
Erdbeeren

Zubereitung

Mürbeteig

1 Alle Zutaten gut miteinander verkneten, zu einer Kugel formen und etwa 20 Minuten ruhen lassen.
2 In einer mit Backpapier ausgelegten 28er Springform bei 180°C etwa 15 bis 20 Minuten backen und sofort aus der Form lösen.

Biskuitteig

1 Die Eier schaumig schlagen, Zucker und Zitronenschale dazugeben.
2 Mehl und Backpulver unterheben.
3 Etwa 20 Minuten in einer gefetteten 28er Springform bei 175°C backen und auskühlen lassen.

Belag

1 Die rote Gelatine in kaltem Wasser einweichen.
2 Himbeeren mit 100g Zucker und 100 ml Wasser aufkochen.
3 Die geputzten und gewürfelten Erdbeeren zu den Himbeeren geben.
4 Puddingpulver mit 6 Esslöffeln Wasser verrühren und das Kompott damit binden.
5 Die Gelatine ausdrücken, im Kompott auflösen und abkühlen lassen.

Füllung

1 Die weiße Gelatine in kaltem Wasser einweichen und auflösen.
2 Quark, Frischkäse, Joghurt, abgeriebene Zitronenschale, Zitronensaft, Vanillezucker und Zucker in einer Schüssel verrühren.
3 Die aufgelöste Gelatine mit der Quarkcreme vermengen.
4 Sahne steif schlagen und unter die Quarkcreme ziehen.

Weiterverarbeitung

1 Den Mürbeteigboden mit Aprikosenmarmelade bestreichen, den Biskuitboden auflegen und einen Tortenring darum schließen.
2 Quarkcreme darauf streichen.
3 Das Fruchtkompott auf der Quarkmasse verteilen und mit einer Gabel marmorieren.
4 Etwa 2 Stunden kalt stellen, dann den Tortenring abnehmen und die Torte mit Sahne und Erdbeeren verzieren.

Fruchtige Käsetorte

Kaffeestube Idensen - Wunstorf-Idensen

Zutaten

Biskuit

- 5 Eier
- 250g Zucker
- 180g Mehl
- 70g Mondamin
- 1 Päckchen Backpulver
- 10g Kakao

Füllung

- 1 Liter Sahne
- 10g Sahnesteif
- 150g Zartbitter-Kuvertüre
- 150g Zucker

Garnitur

- 500g Marzipan
- 10g Kakao

Zubereitung

Biskuit

1 Eier und Zucker mit dem Mixer schaumig schlagen.

2 Mehl, Mondamin und Backpulver durchsieben und ganz vorsichtig unter die Masse heben.

3 Eine Hälfte der Biskuitmasse in eine eingefettete 28er Springform geben.

4 Die andere Hälfte mit dem Kakao vermischen und in eine andere 28er-Springform geben.

5 Die Böden bei 175°C im Umluftherd 35 Minuten backen.

Füllung

1 Die Sahne steif schlagen.

2 Den Zucker und die Kuvertüre im Wasserbad auflösen und erkalten lassen.

3 Anschließend die Sahne ganz langsam unterheben bis die Zutaten sich gut miteinander vermischt haben.

4 Kühl stellen.

Garnitur

1 Die Hälfte vom Marzipan mit dem Kakao vermischen und gut durchkneten.

2 Die weiße und die braune Marzipanmasse sehr dünn ausrollen.

3 Fertigen Sie sich aus einer Pappe eine Schablone für die Fußballsechsecke an und schneiden aus dem ausgerollten Marzipan etwa 20 Stücke – Hälfte weiß, Hälfte braun - aus.

Weiterverarbeitung

1 Die Biskuitböden werden jeweils einmal in der Mitte durchgeschnitten.

2 Alle vier Böden übereinander legen - immer abwechselnd hell und dunkel - und daraus einen halben Ball schneiden.

3 Jetzt die Schichten wieder auseinander nehmen, jede einzelne mit Schokosahne bestreichen und wieder als halben Ball aufeinander setzen.

4 Auf der Oberfläche den Rest der Sahne verteilen und die Marzipanstücke darauf im Fußball-Muster anordnen.

5 Jetzt können noch nach Belieben mit Lebensmittelfarbe Schriftzüge auf die einzelnen Felder aufgetragen werden.

6 Zur Verzierung kleine Länder-Fähnchen aufstecken.

Fußballtorte

Café Michelshof - Walmsburg

Zutaten

Biskuitteig

200g Zucker
100g Weizenmehl (Typ 550)
100g feine Kartoffelstärke
½ Tasse ganzen Mohn
200 ml Wasser
1/2 TL Backpulver
5 frische Eier

Füllung

¾ Liter Sahne
5 Tropfen Bittermandelöl
100g Preiselbeeren

Belag

500g Marzipan
etwas Puderzucker und Mehl

Guss

100g Zartbitterschokolade
20g Hartfett

Zubereitung

Biskuitteig

1 Die Eier aufschlagen und trennen.
2 Das Eigelb mit Zucker und 100 ml Wasser mit dem Elektromixer auf mittlerer Stufe schlagen, bis der Zucker vollständig aufgelöst ist.
3 Das Eiweiß separat steif schlagen.
4 In die Eigelb-Zuckermasse das abgewogene Mehl, die Kartoffelstärke und das Backpulver geben und noch einmal 100 ml Wasser hinzufügen. Dann auf voller Stufe ca. 2 Minuten mixen.
5 Die Masse vorsichtig unter den Eiweiß-Schnee heben und zu einer glatten Masse verrühren.
6 Den Teig in eine mit Backpapier ausgelegte 28er Springform geben, glatt streichen und in den vorgeheizten Ofen schieben.
7 Bei 165°C ca. 30 Minuten backen.
8 Den gut ausgekühlten Boden zweimal waagerecht durchschneiden.

Füllung

1 Die Sahne mit dem Bittermandelöl steif schlagen.
2 Ein Drittel der Sahne mit den Preiselbeeren zu einer Preiselbeer-Sahne verrühren.

Belag

1 Marzipan mit Puderzucker verkneten und zu einem Ball formen.
2 Eine Plastikfolie mit etwas Mehl bestäuben und darauf den Marzipanball ausrollen zu einer dünnen runden Platte mit 50 cm Durchmesser und 1,5 mm Dicke ausrollen.

Guss

1 Die Blockschokolade in eine kleine Schüssel geben und diese in einen Topf mit etwas Wasser stellen.
2 Das Wasser im Topf bei mittlerer Hitze erwärmen und so in diesem Wasserbad die Schokolade auflösen.
3 Das Fett in die heiße Schokolade geben und darin unter ständigem Rühren schmelzen.
4 Die Schokoladen-Fett-Flüssigkeit von der Herdplatte nehmen und wieder leicht dickflüssig werden lassen.

Weiterverarbeitung

1 Den unteren Boden auf eine Tortenplatte geben und einen Tortenring herumstellen. Auf diesen Boden die Preiselbeer-Sahne geben und glatt streichen.

Haschtorte

2 Den nächsten Boden darauf legen und ihn gleichmäßig mit Sahne füllen (etwa 2 cm).
3 Darauf den letzten Boden legen, leicht andrücken und dünn mit Sahne bestreichen.
4 Den Tortenring entfernen und den Tortenrand dünn mit Sahne bestreichen.
5 Das ausgerollte Marzipan zusammen mit der Folie (nach außen!) mittig platzieren und von einer Seite zur anderen langsam über die Torte legen, so dass die gesamte Torte mit Marzipan umhüllt ist.
6 Die Folie abziehen und das Marzipan mit der Hand an die Torte andrücken. Mit einem Messer die überstehenden Marzipanreste abschneiden und das Marzipan noch einmal fest drücken, so dass die Torte eine schöne Form hat.
7 Mit einem Pinsel restliches Mehl und Puderzucker abbürsten.
8 Die dickflüssige Schokoladenglasur mit einem trockenen Pinsel auf die Marzipanmasse streichen, so dass kein Marzipan durchschaut.
9 Mit einem sauberen, feuchten Stofflappen den Tortenrand abwischen.

Tipp

Damit der Tortenrand nicht zu sehr durch die flüssige Schokolade verschmutzt wird, sollte unter die Tortenränder Papier gelegt werden. Diese Papierstücke ragen jeweils ein Stück über den Rand hinaus. Die Papierstücke können nach dem Erkalten der Glasur wieder entfernt werden.

Heide-Café Bartels - Bokel

Zutaten	Zubereitung
Teig	**Teig**
160g Mehl	1 Eier trennen.
160g Zucker	2 Eigelbe und alle anderen Zutaten gut verkneten.
160g Margarine	3 Das Eiweiß zu Schnee schlagen und unterheben.
5 Eier	4 In eine 28er gefettete Springform füllen und bei 180°C etwa 30 Minuten backen.
100g gemahlene Haselnüsse	
100g Schokoladenraspel	
1 Päckchen Backpulver	

Füllung

- 1 kleines Glas Stachelbeeren
- 1 Päckchen Tortenguss
- 3/4 Liter Sahne
- Eierlikör

Weiterverarbeitung

1 Die Stachelbeeren mit dem Tortenguss abbinden.
2 Den Boden nach dem Erkalten in 5 dünne Schichten schneiden.
3 Den unteren Boden mit einem Tortenring umschließen, mit den Stachelbeeren belegen und glatt streichen.
4 Anschließend mit steif geschlagener Sahne bestreichen.
5 Dann die nächste Bodenschicht auflegen und wieder mit Sahne bestreichen usw.
6 Nachdem der letzte Boden gelegt ist, den Tortenring entfernen.
7 Die Torte ganz mit Sahne einstreichen.
8 Obendrauf mit Eierlikör begießen, mit Sahnetupfer und Schokoladenornamenten garnieren.

Herrentorte mit Stachelbeeren und Eierlikör

Irmgard's Terrassencafé - Ahlerstedt/Ottendorf

Zutaten

Rührteig

150g Margarine
100g Zucker
2 Eier
1 Päckchen Vanillinzucker
100g Mehl
2 TL Backpulver

Joghurtmasse

4 Becher Vollmilch-Joghurt
1 Becher (200g) Schmand
200g Zucker
Saft von einer Zitrone
10 Blatt Gelatine
½ Liter Sahne

Himbeerguss

3/8 Liter Wasser
150g Zucker
24g Himbeergötterspeise-Pulver
500g Himbeeren

Zubereitung

Rührteigboden

1 Die vorgegebenen Zutaten gut miteinander verrühren.
2 In eine mit Backpapier ausgelegte 28er Springform geben und bei 160°C Heißluft etwa 25 Minuten backen.

Weiterverarbeitung

1 Die Gelatine einweichen.
2 Joghurt, Schmand, Zucker und Zitronensaft zu einer Masse verrühren.
3 Die aufgelöste Gelatine unterrühren und stehen lassen, bis die Masse „Straßen" zieht.
4 Die Sahne steif schlagen und unter die Joghurt-Schmand-Masse heben.
5 Diese Creme auf dem erkalteten Rührteigboden verteilen. Das geht besser, wenn man den Ring der Springform um den Tortenboden stellt.
6 Das Götterspeisepulver mit dem Wasser und Zucker nach Gebrauchsanleitung zubereiten und etwas abkühlen lassen.
7 Die Himbeeren auf die Joghurt-Schmand-Sahne-Masse geben und darauf die Götterspeise verteilen.

TIPP

Die Torte einen Tag vor dem Genuss zubereiten und kalt stellen, damit die Joghurt-Schmand-Sahne-Masse gut fest wird. Mit einigen Sahnetupfern verzieren.

Himbeer-Joghurt-Torte

Annes Bauerncafé - Lutter-Nauen

Zutaten

Baiserboden

30g Mehl
50g Zucker
2 Eigelb
50g Margarine
30g gemahlene Haselnüsse

Füllung

2 Eiweiß
100g Zucker
gehackte Mandeln

Schokoboden

75g Zucker
3 EL Wasser
3 Eigelb
20g Mehl
1 TL Backpulver
75g Schokoraspeln
60g gemahlene Haselnüsse
3 Eiweiß

Füllung

600 ml Sahne
600g Himbeeren

Zubereitung

Baiserboden

1. Alle Zutaten für den Baiserteig gut verrühren und in einer gefetteten 28er Springform verteilen.
2. Danach das Eiweiß und den Zucker für die Füllung steif schlagen und auf dem Baiserboden verteilen.
3. Etwas gehackte Mandeln oben daraufgeben und bei 150°C etwa 40 Minuten backen.

Schokoboden

1. Die Eigelbe, das Wasser und den Zucker verrühren.
2. Die Schokoraspeln, die Haselnüsse, das Mehl und das Backpulver vermischen und in die vorher verrührte Masse unterheben.
3. Das Eiweiß steif schlagen und vorsichtig unter den Teig heben.
4. Bei 160°C in einer 28er Springform ca. 35 Minuten backen.

Garnitur

1. Auf den fertigen Schokoladenboden 300 ml geschlagene Sahne, dann die Himbeeren und dann die restliche Sahne (300ml) verteilen.
2. Zum Schluss wird der Baiserboden in 10-12 Stücke geschnitten und auf die Sahne gelegt.

Himbeer-Nuss-Torte

Ramme´s Hofcafé - Westerbeck

Zutaten

Mürbeteig

350g Mehl
1 Messerspitze Backpulver
200g Zucker
250g Margarine
3 Eigelb

Mandelschnee

3 Eiweiß
150g Zucker
1 TL Zimt
150g gemahlene Mandeln

Füllung

1000g Äpfel
600ml Sahne

Zubereitung

Mürbeteig mit Mandelschnee

1. Alle Zutaten gut miteinander verkneten, zu einer Kugel formen und etwa eine Stunde kühl ruhen lassen.
2. Danach den Mürbeteig in vier gleich große Teile teilen und diese jeweils in eine 28er gefettete Springform dünn und gleichmäßig flach auf den Boden drücken.
3. Die Eiweiße mit 150 Gramm Zucker sehr steif schlagen.
4. Zimt und gemahlene Mandeln unterheben.
5. Mit diesem Mandelschnee die einzelnen Mürbeteigböden bestreichen.
6. Nacheinander etwa 30-40 Minuten bei 170°C (Umluft) backen.
7. Den letzten Boden heiß in 12-14 Tortenstücke schneiden. Sie werden zum Schluss als Decke auf die letzte Apfelschicht gelegt.

Füllung

1. Die Äpfel schälen, würfeln und in etwas Wasser mit einem Esslöffel Zucker dünsten und abkühlen lassen.
2. Die Sahne steif schlagen.
3. Jede der drei Mürbeteigplatten zunächst mit Sahne bestreichen und dann darauf die gedünsteten Äpfel verteilen.
4. Die einzelnen Böden übereinander und darauf den geteilten vierten Boden legen.

Himmelstorte

Landcafé Neumann - Bad Zwischenahn

Zutaten

Biskuitteig

200g Löffelbiskuit
100g Butter oder Margarine

Füllung

400g Frischkäse
100g Puderzucker
100g gemahlene Nüsse
500g Schlagsahne
1 Glas Schattenmorellen (Abtropfgewicht 350g)
35g Zucker
1 Päckchen roten Tortenguss

Zubereitung

Biskuitteig

1 Den Löffelbiskuit zerbröseln und mit der aufgelösten Butter vermischen.
2 Den warmen „Teig“ auf einem Kuchenteller festdrücken.

Füllung

1 Den Frischkäse in eine Rührschüssel geben und so lange schlagen, bis eine homogene Masse entstanden ist.
2 Die Masse glatt auf den ausgekühlten Boden streichen.
3 Die Frischkäsemasse mit den gemahlenen Haselnüssen bestreuen.
4 Die Sahne steif schlagen, etwas Sahne für Sahnetupfen zurückhalten, und glatt auf die Haselnussschicht streichen.

Weiterverarbeitung

1 Die Schattenmorellen in einem Sieb gut ablaufen lassen, 10 Kirschen als Dekoration zur Seite legen.
2 330g des aufgefangenen Saftes mit dem Zucker aufkochen und die Flüssigkeit mit dem roten Tortenguss binden.
3 Die abgetropften Kirschen gleichmäßig auf der Sahne verteilen und leicht andrücken.
4 Den gebundenen Kirschsaft etwas abkühlen lassen und dann gleichmäßig über den Kirschen verteilen.
5 Die Torte mit Sahnetupfen und Kirschen verzieren.

Kirsch-Frischkäse-Torte

Hofcafé „Straußenei" - Steyerberg

Zutaten

Biskuit

6 Eier
170g Zucker
1 Päckchen Vanillinzucker
1 Prise Salz
100g Mehl
75g Stärkemehl

Füllung

1 Glas Sauerkirschen
1 Päckchen Vanillepuddingpulver
2 EL Zucker
8 Blatt weiße Gelatine
200g Frischkäse
1 Dose Kokosmilch (420 ml)
2 EL Vanillinzucker
300g Sahne

Garnitur

200g Sahne

Zubereitung

Biskuit

1 Die Eier trennen.
2 Das Eiweiß mit dem Mixer steif schlagen und anschließend den Zucker einrieseln lassen.
3 Das Eigelb vorsichtig unterheben.
4 Die restlichen Zutaten vorsichtig unterrühren.
5 Im vorgeheizten Umluftofen bei 175°C etwa 25 Minuten backen.
6 Den Tortenboden auskühlen lassen und zweimal waagerecht durchschneiden.

Weiterverarbeitung

1 Die Sauerkirschen abtropfen lassen.
2 Puddingpulver und Zucker in den Kirschsaft einrühren und kurz aufkochen.
3 Die Kirschen unterheben.
4 Die Gelatine einweichen und auflösen.
5 Den Frischkäse mit der Kokosmilch und dem Vanillinzucker verrühren. Die Gelatine hinzufügen.
6 Die Sahne schlagen und unter die Creme geben.
7 Die Böden mit Kirschen und Creme füllen.
8 Mit der steif geschlagenen Sahne die Torte nach eigenem Geschmack verzieren.

Kirsch-Kokosmilch-Torte

Landfrauen-Café Eitzmühlen - Selsingen/Lavenstedt

Zutaten

Mandel-Mürbeteig

50g Butter
50g Zucker
60g gemahlene Mandeln
60g Mehl
1 Messerspitze Backpulver

Biskuitboden

2 frische Eier
75g Zucker
75g Mehl
1 ½ gestrichene TL Kakao
1 gestrichener TL Backpulver

Bestrich & Füllung

Kirschmarmelade
1 Glas Schattenmorellen
2 Päckchen Tortenguss
½ Liter Sahne
etwas Zucker
200g Marzipanrohmasse
75g Puderzucker
150g Kuvertüre
15g Kokosplattenfett

Zubereitung

Mandel-Mürbeteig-Boden

1 Die angegebenen Zutaten gut miteinander verkneten, zu einer Kugel formen und ca. eine Stunde kühl ruhen lassen.

2 Den Teig in einer mit Backpapier ausgelegten 28er Springform flach drücken.

3 Bei 180° C etwa 10 bis 12 Minuten backen.

Biskuitboden

1 Eier mit Zucker etwa 5 Minuten mit einem Schneebesen schlagen.

2 Mehl, Kakao und Backpulver hinzufügen.

3 In eine Springform füllen und 15 bis 18 Minuten bei 200°C backen.

Weiterverarbeitung

1 Den erkalteten Mandelboden mit Kirschmarmelade bestreichen und mit dem Biskuitboden bedecken.

2 Schattenmorellen mit Tortenguss andicken, abkühlen lassen und auf den Biskuitboden geben.

3 Die Sahne mit etwas Zucker steif schlagen und auf den Kirschen kuppelförmig verteilen.

4 Das Marzipan mit Puderzucker verkneten, ausrollen und über die Sahne legen.

5 Die Kuvertüre mit Kokosplattenfett schmelzen und die Marzipanhaube damit bestreichen.

Kirsch-Kuppeltorte

Altländer Obsthof - Hollern

Zutaten

Teig

1 Glas Kirschen
3 gestrichene TL Backpulver
125g Zucker
250g Mehl
1 Päckchen Vanillinzucker
3 Eier
150g Butter
75 ml Milch
100g Nougat (Nutella)

Belag

6 Blatt Gelatine
500g Quark
100g Zucker
2 Päckchen Vanillinzucker
¼ Liter Schlagsahne

Guss

1 Päckchen Tortengusspulver
¼ Liter Sauerkirschsaft

Dekoration

100 ml Sahne
30g Schokoraspeln
12 Belegkirschen

Zubereitung

Teig

1 Kirschen abtropfen lassen.
2 Für den Teig 250g Mehl, Backpulver, Vanillinzucker, Zucker, Eier, flüssige Butter und Milch zu einem cremigen Teig mischen.
3 Zwei Drittel des Teiges in eine mit Backpapier ausgelegte 28er Springform geben und glatt streichen.
4 Die abgetropften Kirschen gleichmäßig auf dem Teig verteilen.
5 Unter den restlichen Teig das Nougat rühren, auf die Kirschen geben und glatt streichen.
6 In einem vorgeheizten Backofen (Ober-/Unterhitze 180°C) ca. 35-40 Minuten backen.
7 Den Tortenboden aus der Form lösen und auf einem Kuchenrost erkalten lassen.

Belag

1 Für den Belag Gelatine in kaltem Wasser einweichen.
2 Die ausgedrückte Gelatine in einem kleinen Topf erwärmen (nicht kochen) bis sie völlig gelöst ist.
3 Quark, Zucker und Vanillinzucker verrühren.
4 Die aufgelöste Gelatine unterrühren.
5 Sahne steif schlagen und unter die Quark-Gelatine-Masse heben.
6 Die Quarkmasse auf den erkalteten Boden streichen und jetzt die Torte eine Stunde kalt stellen.

Guss

1 Tortengusspulver und Sauerkirschsaft nach Packungsanleitung zubereiten.
2 Den Guss auf der Torte verteilen und kalt werden lassen.

Dekoration

1 Sahne steif schlagen, 12 Tupfen gleichmäßig auf dem Tortenrand verteilen und mit den Belegkirschen krönen.
2 Jetzt die Schokoraspeln gleichmäßig in der Mitte verteilen.

Kirsch-Nougat-Torte

Hof Elting-Bußmeyer - Badbergen

Zutaten

1. Boden

100g Zucker
100g Mehl
2 Eier
Vanillinzucker
1 TL Backpulver

2. Boden

150g Zucker
60g Mehl
50g Butter
2 Eier
50 ml Milch
1 TL Backpulver
2 EL gehobelte Mandeln

Füllung

1 Dose Mandarinen
500 ml Sahne
500g Joghurt
1 Päckchen gemahlene Gelatine
Vanillinzucker

Zubereitung

1. Boden

1. Eier trennen.
2. Eiweiß steif schlagen, Zucker und Vanillinzucker einrieseln lassen.
3. Das Eigelb unterrühren.
4. Mehl und Backpulver unterheben.
5. Bei 150°C etwa 20 Minuten abbacken.

2. Boden

1. Eier trennen.
2. Eigelb, Butter und 50 Gramm Zucker schaumig rühren.
3. Milch, Mehl und Backpulver hinzufügen und zu einem glatten Teig verrühren. In eine Kuchenform geben.
4. Eiweiß steif schlagen und dann 100 Gramm Zucker einrieseln lassen.
5. Die Eiweißmasse auf den Teig verteilen und Mandeln darauf streuen.
6. Bei 140°C etwa 25 Minuten abbacken.

Füllung

1. Boden 1 auf eine Tortenplatte setzen und mit einem Tortenring umschließen.
2. Gelatine einweichen.
3. Mandarinen abgießen.
4. Sahne und Vanillinzucker steif schlagen.
5. Gelatine auflösen.
6. Zur geschlagenen Sahne den Joghurt geben und unterrühren.
7. Die gelöste Gelatine vorsichtig unterrühren, danach die Mandarinen dazugeben und unterziehen.
8. Die ganze Masse auf den Boden 1 geben.
9. Boden 2 in die gewünschte Stückzahl schneiden und fächerförmig auf die Füllung legen.

Mandarinen-Joghurt-Torte

Hofcafé Marschendeel - Drage-Hunden

Zutaten

Biskuitteig

3 Eier
3 EL heißes Wasser
100g Zucker
80g Mehl
20g Speisestärke
1 gestrichener TL Backpulver

Füllung 1

750g Äpfel
100g Zucker
1/8 Liter Weißwein
1 Prise Zimt

Füllung 2

750g Magerquark
500 ml Schlagsahne
Saft von 1 Zitrone
125g Zucker
12 Blatt Gelatine

Guss & Dekoration

2 Äpfel
Saft einer halben Zitrone
¼ Liter Apfelweinsud aus 1. Füllung
1 Päckchen Tortenguss
250 ml Sahne

Zubereitung

Biskuitteig

1 Eier, Zucker und Wasser so lange schaumig rühren, bis der Zucker vollständig aufgelöst ist.

2 Mehl, Speisestärke und Backpulver vorsichtig unterheben und verrühren.

3 Den Teig in einer mit Backpapier ausgelegten 28er Springform ca. 30 Minuten bei 190°C abbacken.

Füllung 1

1 Äpfel schälen und in dünne Spalten schneiden.

2 Die Apfelspalten mit 100g Zucker in 1/8 Liter Wein leicht dünsten, auf ein Sieb geben, abtropfen und abkühlen lassen. Den Sud auffangen.

Füllung 2

1 Die Gelatine einweichen und auflösen.

2 Quark mit Zucker und Zitronensaft glatt rühren.

3 Die steif geschlagene Sahne unterheben und die aufgelöste Gelatine einrühren.

Guss & Dekoration

1 Den Apfelweinsud aus Füllung 1 erwärmen (eventuell mit Apfelsaft auf insgesamt ¼ Liter auffüllen) und mit dem Tortenguss nach Anleitung auf der Verpackung andicken. Unter Rühren etwas abkühlen lassen.

2 Die Äpfel mit Schale in feine Spalten schneiden und mit Zitronensaft beträufeln.

Weiterverarbeitung

1 Den erkalteten Biskuitboden einmal waagerecht durchschneiden. Eine Hälfte auf eine Tortenplatte legen und einen Ring um den Boden setzen.

2 Ein Drittel der Quarkmasse auf dem Boden glatt streichen, die gedünsteten Apfelspalten darauf verteilen und mit einer Prise Zimt überpudern.

3 Nun die Apfelschicht mit dem zweiten Drittel der Quarkmasse bedecken und den zweiten Biskuitboden auflegen.

4 Darauf den Rest der Quarkmasse glatt streichen und ungefähr 2 Stunden kalt stellen.

5 Die Torte mit Apfelspalten garnieren und mit Guss abdecken.

6 Zum Schluss den Rand mit Sahne bestreichen und verzieren.

Marschenapfeltorte

Töpfercafé auf dem Bauernhof - Warmsen

Zutaten

Teig

6 Eier
175g Zucker
140g Mehl
45g Kartoffelmehl
1 Päckchen Backpulver
2 EL Mohn

Füllung

850 ml Sahne
2 Päckchen Vanillinzucker
200g Marzipan

Garnitur

grüne Marzipan- oder Melissenblätter
12 Marzipanrosen

Zubereitung

Boden

1 Bei allen Eiern das Eigelb vom Eiweiß trennen.
2 Das Eiweiß steif schlagen. Danach Zucker und Eigelb unterrühren.
3 Mehl, Kartoffelmehl, Mohn und Backpulver unterheben.
4 Den Teig in eine mit Backpapier ausgelegte 28er Springform geben und bei 170°C (E-Herd) ca. 60 Minuten oder bei 150°C (Umluft) ca. 50 Minuten backen.
5 Nach dem Abkühlen den Boden einmal waagerecht durchschneiden.

Weiterverarbeitung

1 Die Sahne steif schlagen und den Vanillinzucker dazugeben.
2 Eine Tortenhälfte auf eine Tortenplatte legen und mit Sahne bestreichen.
3 Das Marzipan ausrollen, mit dem Ring der Springform einen Kreis ausstechen und auf den mit der Sahne bestrichenen Boden legen.
4 Darauf etwas Sahne verstreichen und die zweite Bodenhälfte auflegen.
5 Darauf wieder Sahne bis auf einen Rest für die Verzierung verstreichen.
6 Auf jedes Tortenstück einen Sahnetupfer und eine Marzipanrose setzen. Mit etwas Geschick kann man die Marzipanrosen auch selbst herstellen.
7 Mit Marzipan- oder Melissenblättern garnieren und danach etwas Mohn in die Mitte streuen.

Marzipan-Mohn-Torte

Hof Elting-Bußmeyer - Badbergen

Zutaten

Boden

200g Zucker
225g Mehl
50g Butter
4 Eier
Vanillinzucker
1 Päckchen Backpulver
150g Zartbitter-Kuvertüre

Füllung

5 EL Preiselbeeren
500 ml Sahne
Sahnesteif
200g gemahlene Nüsse

Marzipandecke

200g Marzipanrohmasse
100g Puderzucker
Walnusskerne

Zubereitung

Boden

1 Kuvertüre auflösen.
2 Butter, Zucker und Vanillinzucker zur Kuvertüre geben und schaumig rühren.
3 Nach und nach die Eier dazugeben, danach Mehl und Backpulver.
4 Alles gut verrühren.
5 Bei 170°C etwa 45 Minuten abbacken.

Füllung

1 Den kalten Boden aufschneiden und trichterförmig aushöhlen.
2 Den ausgehöhlten Boden mit Preiselbeeren ausstreichen.
3 Die ausgehöhlte Masse zerkrümeln und mit den gemahlenen Nüssen vermischen.
4 Sahne mit Sahnesteif steif schlagen, unter die Krümelmasse geben und kuppelartig in den ausgehöhlten Boden streichen.

Marzipandecke

1 Die Marzipanrohmasse mit Puderzucker verkneten.
2 Zwischen einer Klarsichtfolie zu einer Platte (30 cm Durchmesser) ausrollen und über die Kuppel legen.
3 Mit Walnüssen und einigen Sahnetupfern verzieren.

Marzipan-Nuss-Torte

Ramme´s Hofcafé - Westerbeck

Zutaten

Biskuitteig

200g Mehl
2 TL Backpulver
200g Zucker
6 Eier

Füllung

12 EL Rum
1 Liter Sahne

Garnitur

Aprikosenmarmelade
100 ml Sahne
1 Tafel Schokolade

Zubereitung

Biskuitteig

1 Eier und Zucker mit dem Handmixer schaumig schlagen (ca. 4 Minuten).
2 Dann Mehl und Backpulver unterheben.
3 In einer mit Backpapier ausgelegten 28er Springform etwa 45 Minuten bei 170°C backen.
4 Abkühlen lassen und waagerecht durchschneiden, so dass ein etwa 1 Zentimeter dicker Unterboden bleibt.

Füllung

1 Die obere Biskuitscheibe in eine Schüssel zerbröckeln und mit Rum tränken.
2 Sahne steif schlagen und mit der Rum-Biskuitmasse vermengen.
3 Den Unterboden mit etwa 1 ½ EL Aprikosenmarmelade bestreichen, einen Tortenring darum setzen und die Rum-Biskuit-Sahne einfüllen.

Garnitur

1 Die Schokolade und 100 ml Sahne im Wasserbad erhitzen, bis die Schokolade geschmolzen ist.
2 Diese Schoko-Sahne-Glasur auf der Torte verteilen.
3 Mit einigen Aprikosenmarmelade-Klecksen garnieren.

Maulwurftorte

Zutaten

Biskuitteig

- 100g Zucker
- 125g Mehl
- 4 frische Eier
- 4 EL heißes Wasser
- 125g Mohn
- 1 Päckchen Backpulver

Füllung

- 1 Liter Sahne
- 200g Marzipan-Puderzucker
- ¾ Glas Preiselbeeren (250-300g)

Garnitur

- Eierlikör

Zubereitung

Biskuitteig

1 Eier, Wasser und Zucker schaumig schlagen. Die restlichen Zutaten vermengen und unterheben.

2 Eine 28er Springform mit Backpapier auslegen, den Teig einfüllen und bei 180°C ca. 25 Minuten abbacken.

3 Den erkalteten Boden einmal waagerecht durchschneiden.

Weiterverarbeitung

1 Den unteren Boden auf eine Tortenplatte setzen.

2 ¼ Liter geschlagene Sahne darauf verteilen.

3 Die ausgerollte Marzipanplatte darauf legen

4 ¾ Glas Preiselbeeren auf die Marzipanplatte streichen.

5 ¼ Liter geschlagene Sahne vorsichtig darüberstreichen.

6 Den zweiten Boden auf die Sahne setzen und mit der restlichen Sahne bestreichen und den Rand verzieren.

Garnitur

Vorsichtig Eierlikör auf die Torte gießen und nach Belieben ein Muster gestalten.

Mohn-Marzipan-Torte

Café „Zur Elbe" - Darchau

Zutaten

Biskuitteig

4 Eier
200g Zucker
5 EL heißes Wasser
165g Mohn
165g Mehl
2 ½ TL Backpulver

Füllung & Garnierung

1 Glas Preiselbeeren
600 – 800 ml Sahne
200g Marzipan
etwas Puderzucker

Zubereitung

Biskuitteig

1 Eier, Zucker und Wasser so lange schaumig rühren, bis der Zucker vollständig aufgelöst ist.
2 Mohn, Mehl und Backpulver vorsichtig unterheben.
3 Den Teig in einer mit Backpapier ausgelegten 28er Springform ca. 30 Minuten bei 175°C abbacken.

Weiterverarbeitung

1 Den erkalteten Boden zweimal waagerecht durchschneiden.
2 Die Sahne steif schlagen.
3 Auf den unteren Teil des Bodens etwas Sahne verstreichen, dann darauf die Preiselbeeren geben und wieder mit Sahne verstreichen.
4 Den zweiten Teil des Bodens darauf legen und mit Sahne bestreichen.
5 Mit dem dritten Teil des Bodens zudecken und mit Sahne bestreichen.
6 Das Marzipan – je nach Geschmack zunächst mit etwas Puderzucker verkneten – ausrollen, in der Größe der Torte ausstechen oder ausschneiden und auf die Torte legen.
7 Auf Wunsch mit Sahne garnieren.

Mohntorte

Landfrauen-Café Eitzmühlen - Selsingen/Lavenstedt

Zutaten

Nuss-Biskuitteig

3 Eier
3 EL Wasser
150g Zucker
75g Mehl
1 TL Backpulver
75g gemahlene Nüsse

Mürbeteig

60g Margarine
60g Zucker
60g Mehl
60g gemahlene Nüsse
Schokoladenguss

Füllung

1 Dose Ananas
¾ Liter Sahne

Zubereitung

Nuss-Biskuitteig

1 Eigelb vom Eiweiß trennen.
2 Eigelb, Wasser und Zucker mit einem Mixer oder Schneebesen so lange schaumig rühren, bis der Zucker komplett aufgelöst ist.
3 Mehl, Nüsse und Backpulver vorsichtig unterrühren.
4 Eiweiß steif schlagen und unter den Teig heben.
5 Den Teig in eine mit Backpapier ausgelegte 28er Springform geben und bei 175°C etwa 20 Minuten backen.
6 Den Boden einmal durchschneiden.

Mürbeteig

1 Die angegebenen Zutaten gut miteinander verkneten, zu einer Kugel formen und ca. eine Stunde kühl ruhen lassen.
2 Den Teig in einer mit Backpapier ausgelegten 28er Springform flach drücken.
3 Bei 180°C etwa 13 Minuten backen.
4 Sofort nach dem Backen in 16 Tortenstücke schneiden. Die Stücke mit Schokoladenguss bestreichen.

Weiterverarbeitung

1 Die Ananas klein schneiden und die Sahne steif schlagen.
2 Auf der ersten Biskuitboden-Scheibe Sahne verstreichen und die Ananasstücke daraufgeben.
3 Etwas Sahne darauf verteilen und mit der zweiten Biskuit-Scheibe zudecken.
4 Darauf Sahne spiralförmig spritzen und die einzelnen Schoko-Mürbeteig-Tortenstücke schräg dagegen stellen.

Mühlenradtorte

Landcafé Neubokel - Gifhorn-Neubokel

Zutaten	Zubereitung
Tortenboden spezial mit Essig	**Tortenboden spezial mit Essig**
3 Eier	1 Eier, Essig, Öl, Zucker und Vanillezucker schaumig rühren.
3 EL Öl	2 Mehl und Backin vermischen.
1 EL Essig	3 Anschließend das Gemisch aus Mehl und Bakin unter die Essig-Zuckermasse heben.
100g Zucker	4 Das Ganze in einer 28er Springform bei 200°C (Gasherd Stufe 4) ca. 15-20 Minuten abbacken.
1 Päckchen Vanillezucker	
150g Mehl	
3 TL Bakin	**Füllung**
	1 Die Sahne in einem separaten Gefäß steif schlagen.
Füllung	2 Den Quark mit dem Naturjoghurt, dem Frischkäse, dem Zitronensaft und dem Zucker mischen.
500g Quark	
100g Frischkäse	3 Die Blattgelatine einweichen, ziehen lassen, abgießen und anschließend mit etwas Wasser erwärmen und unter die Quark-Joghurtmasse rühren.
300g Naturjoghurt	
etwas Zitronensaft	4 Anschließend die geschlagene Sahne unter die Masse heben.
Zucker nach Geschmack	5 Den Boden mit Aprikosenscheiben belegen, die Quark-Sahnemasse gleichmäßig darauf verteilen und glatt streichen.
9 Blatt Gelatine	
250g Sahne	6 Frisches Obst der Saison auf der Quark-Sahnemasse entsprechend der eigenen Kreativität verteilen und mit 0,5 Liter klarem Tortenguss überziehen.
1 Dose Aprikosen	
Obst der Saison	
Tortenguss klar	7 Den Tortenrand mit gebräunten Mandelblättern verzieren.
gebräunte Mandeln	

Neubokels Beste

Café Büerneike - Leiferde

Zutaten

Mürbeteig

150g Mehl
50g Zucker
100g Butter

Biskuitteig

5 Eier
200g Zucker
125g Mehl
125g Speisestärke
1 TL Backpulver
2 EL Aprikosenmarmelade

Füllung I

350g Sahne
300g Preiselbeeren

Füllung II

4 Blatt weiße Gelatine
1/8 l Orangensaft
2 EL Orangenlikör
200g Mascarpone
1 TL abgeriebene Orangenschale
5 EL Orangenmarmelade
50g Zucker
250g Sahne

Verzierung

400g Sahne
Preiselbeeren
Schokoladenornamente

Zubereitung

Mürbeteig

1 Für den Mürbeteig alle Zutaten zu einem glatten Teig verarbeiten und anschließend 30 Minuten ruhen lassen.
2 In einer gefetteten Springform (Ø 28cm) 15-20 Minuten bei 180°C backen und sofort aus der Form lösen.

Biskuitteig

1 Für den Biskuit die Eier schaumig rühren und den Zucker langsam einrieseln lassen.
2 Die übrigen Zutaten vorsichtig unterheben.
3 In der gefetteten Springform (Ø 28cm) 35-40 Minuten bei 175°C backen.

Füllung I (Preiselbeersahne)

1 Für die erste Füllung die Sahne sehr steif schlagen und die Preiselbeeren unterziehen.

Füllung II (Orangen-Mascarponesahne)

1 Für die zweite Füllung die Gelatine einweichen und auflösen.
2 Inzwischen die Sahne schlagen. Marmelade, Saft, Likör und abgeriebene Orangenschale vermischen und die Gelatine unterrühren.
3 Wenn die Masse zu stocken beginnt, die Sahne unterheben.

Weiterverarbeitung

1 Den Biskuitboden zweimal durchschneiden.
2 Den Mürbeteigboden mit Marmelade bestreichen und den ersten Biskuitboden auflegen.
3 Einen Tortenring um die Torte legen, ¾ der Preiselbeersahne einfüllen und glatt streichen.
4 Den zweiten Biskuitboden auflegen und die Orangen-Mascarponesahne einfüllen.
5 Den letzten Biskuitboden auflegen und kalt stellen.
6 Für die Verzierung die Sahne steif schlagen.
7 Den Tortenring (Ø 20cm) in die Mitte der Torte setzen und die restliche Preiselbeersahne einfüllen.
8 Das Ganze kalt stellen.
9 Beide Tortenringe entfernen und den Rand der Torte mit geschlagener Sahne bestreichen.
10 Torte in 16 Stücke einteilen und nach Belieben verzieren.

Orangen-Preiselbeer-Torte

Café Hof Uffenbeck - Melle-Küingdorf

Zutaten

Biskuitteig

2 Eier
2-3 EL warmes Wasser
80g Zucker
½ Päckchen Vanillezucker
50g Mehl
50g Speisestärke
1 TL Backpulver

Buttercreme

½ Liter Milch
1 Päckchen Vanille-Puddingpulver
4 EL Zucker
Cointreau
1 Päckchen Gelatine
1-2 Orangen
1 TL Orangenzucker
1 Paket Löffelbiskuit
½ Liter Schlagsahne
etwas Zucker

Dekoration

Schokoraspel

Zubereitung

Biskuitteig

1 Die Eigelb mit Wasser und Zucker schaumig rühren.
2 Eiweiß steif schlagen und vorsichtig unter die Masse rühren.
3 Mehl, Vanillezucker, Backpulver und Speisestärke darunterheben.
4 Den Teig in einer mit Backpapier ausgelegten 28er Springform 25-30 Minuten bei etwa 175°C backen und abkühlen lassen.

Weiterverarbeitung

1 Nach der Anleitung auf der Puddingpulver-Packung aus ½ Liter Milch einen Vanillepudding kochen, etwas abkühlen lassen und mit einem Schluck Cointreau verfeinern.
2 Die Gelatine auflösen, die Hälfte davon unter die Creme heben und diese auf dem Biskuitboden verteilen.
3 Löffelbiskuits darauf verteilen und mit etwas Orangensaft beträufeln. Vor dem Auspressen einige Orangenscheiben abschneiden und für die Dekoration beiseite legen.
4 Wenn die Cremeschicht fest geworden ist, die Sahne steif schlagen, mit Zucker und Orangenzucker abschmecken.
5 Die zweite Hälfte der Gelatine unterheben und auf den Löffelbiskuits verteilen. Kühl stellen.
6 Wenn die Orangensahne fest geworden ist, die Torte mit Schokoraspeln und einigen Orangenscheiben garnieren.

Orangen-Sahne-Torte

Café Hof Blanken - Fischerhude

Zutaten

Biskuit

4 Eier
200g Zucker
200g Mehl
½ Teelöffel Backpulver

Füllung

1 Dose Pfirsiche
¼ Liter Pfirsichsaft
1 Päckchen Tortenguss
1 Liter Sahne

Garnitur

¼ Liter Maracuja-Saft
35 - 40g Dessertsoßenpulver (ohne Kochen)
Krokant oder Schokoladenstreusel

Zubereitung

Biskuit

1. Eier und Zucker mit einem Mixer schaumig rühren, bis der Zucker aufgelöst ist.
2. Mehl und Backpulver vorsichtig unterheben.
3. Den Teig in eine gefettete 30er Springform geben und bei 160°C etwa 35 Minuten backen.
4. Nach dem Abkühlen einmal durchschneiden, so dass zwei Böden entstehen.

Weiterverarbeitung

1. Die Pfirsiche abtropfen lassen, in Stücke schneiden und auf der unteren Hälfte des Biskuitbodens verteilen.
2. Aus dem Pfirsichsaft und dem Tortenguss-Pulver einen Guss herstellen, über die Pfirsiche geben und abkühlen lassen.
3. Die Sahne steif schlagen, die Hälfte auf dem Pfirsichguss verstreichen und mit dem zweiten Biskuitboden zudecken.
4. Tortendecke und –rand mit Sahne bestreichen. Einen Rest zum Garnieren aufheben.
5. Den Maracujasaft mit dem Dessertsoßenpulver verrühren, bis es dicklich wird, und auf der Torte verstreichen.
6. Mit der restlichen Sahne garnieren. Dann die Torte nach Belieben mit Krokant oder Schokoladenstreuseln verzieren

Pfirsich-Maracuja-Torte

Kaffeedeel - Vierden

Zutaten

Mandel-Mürbeteig

50g Butter
50g Zucker
50g Mehl
50g gemahlene Mandeln

Biskuitboden

3 Eier
3 EL Wasser
150g Zucker
1 Päckchen Vanillezucker
100g Mehl
50g Stärkemehl
1 TL Backpulver

Bestrich

Pfirsich-Maracujakonfitüre

Füllung

1 große Dose Pfirsiche
2 Becher Schmand
5 EL Zucker
1 EL Zitronensaft
3 Becher Sahne
6 Blatt weiße Gelatine

Dekoration

1 EL Pfirsich-Maracujakonfitüre
2 Becher Sahne
Pistazien

Zubereitung

Mandel-Mürbeteigboden

1 Alle Zutaten zu einem Teig verkneten.
2 Den Teig in einer mit Backpapier ausgelegten 28er Springform verteilen, leicht andrücken und bei 160°C etwa 10 Minuten backen.

Biskuitboden

1 Eier, Wasser und Zucker sehr schaumig rühren.
2 Mehl, Stärkemehl und Backpulver sieben und unterheben.
3 Den Teig in eine mit Backpapier ausgelegte 28er Springform füllen und bei 160°C etwa 25 Minuten backen.
4 Den erkalteten Boden einmal waagerecht durchschneiden

Füllung

1 Den Schmand mit dem Zucker und dem Zitronensaft verrühren.
2 Die aufgelöste Gelatine unter die Masse rühren.
3 Die Pfirsiche abtropfen lassen. Eine Pfirsichhälfte zur Dekoration zurücklassen. Die anderen Pfirsiche in kleine Stücke schneiden.
4 Die steif geschlagene Sahne und die klein geschnittenen Pfirsiche unterheben.

Weiterverarbeitung

1 Den Mandel-Mürbeteigboden auf eine Tortenplatte legen und mit Konfitüre bestreichen.
2 Den Biskuitboden auflegen und mit dem Tortenring umschließen.
3 Die Hälfte der Pfirsich-Schmandcreme darauf verteilen.
4 Den zweiten Biskuitboden auflegen und die restliche Creme darauf verteilen.
5 Die Torte kalt stellen.

Dekoration

1 Die Torte mit 1 EL Konfitüre bestreichen.
2 Eine Pfirsichhälfte in 12 dünne Scheiben schneiden.
3 Die Torte mit Sahne, Pfirsichscheiben und Pistazien verzieren.

Pfirsich-Schmand-Torte

Allerhof - Frankenfeld/Bosse

Zutaten

Mürbeteig

260g Mehl
200g gemahlene Mandeln
180g Butter
180g Zucker
1 Ei
1 Messerspitze Backpulver

Füllung

200g Schokoladenguss
1/2 bis 3/4 Liter Schlagsahne
Etwas Rum oder Rum-Aroma
1 Glas Preiselbeeren

Zubereitung

Mürbeteig

1 Die genannten Zutaten miteinander verkneten, zu einer Kugel formen und etwa eine Stunde kühl ruhen lassen.
2 Den Teig vierteln und jedes Viertel in eine mit Backpapier ausgelegte 28er Springform flach drücken.
3 Die vier Böden jeweils bei 200°C etwa 10 Minuten backen.
4 Einen dieser Böden gleich nach dem Backen, also heiß, in 16 Teile schneiden.

Weiterverarbeitung

1 Die Schlagsahne steif schlagen und mit etwas Rum oder Rum-Aroma abschmecken.
2 Die Preiselbeeren auf dem ersten Boden verteilen, mit etwas Rumsahne bestreichen und mit dem zweiten Boden bedecken.
3 Darauf Schlagsahne streichen, mit dem dritten Boden zudecken und darauf die restliche Schlagsahne kunstvoll mit einem Spritzbeutel verteilen.
4 Den Schokoladenguss in einem Wasserbad auflösen und damit die 16 Teile des vierten Tortenbodens bestreichen.
5 Diese Schokoteigstücke oben auf der Torte fächerartig auf der Sahne verteilen.

Preiselbeer-Nussblättertorte

Heide-Café Bartels - Bokel

Zutaten

Mürbeteig

150g Mehl
75g Zucker
100g Margarine
1 TL Backpulver

Füllung

1.200g Rhabarber
200g Zucker
1 Prise Salz
etwas Wasser
1 Päckchen Vanille-puddingpulver
12 Blatt rote Gelatine

Vanillecreme

500 ml Milch
100g Zucker
3 Blatt weiße Gelatine
1 Päckchen Vanillepuddingpulver
250g Sahne

Zubereitung

Mürbeteig

1. Alle Zutaten gut verkneten und etwa 30 Minuten kühl ruhen lassen.
2. In eine mit Backpapier ausgelegte 28er Springform flach auf den Boden drücken.
3. Bei 180°C etwa 20 Minuten backen.

Füllung

1. Den Rhabarber schälen und in ca. 2 cm große Stücke schneiden.
2. Mit Zucker, Salz und Wasser zu Kompott kochen.
3. Puddingpulver mit etwas kaltem Wasser anrühren und den Rhabarber damit abbinden.
4. Die Gelatine in kaltem Wasser einlegen und anschließend unter die noch heiße Masse heben.
5. Danach erkalten lassen.

Vanillecreme

1. Aus Milch, Zucker und Puddingpulver einen Vanillepudding nach Anleitung auf der Packung kochen.
2. Die Gelatine in kaltem Wasser einlegen und anschließend unter die noch heiße Masse heben.
3. Nach dem Erkalten die geschlagene Sahne unterheben.

Weiterverarbeitung

1. Den Mürbeteig mit einem Tortenring umschließen.
2. Die Füllung auf den Boden geben und glatt streichen.
3. Dann die Vanillecreme darauf geben und ebenfalls glatt streichen.
4. Die Torte über Nacht kalt stellen und erst am nächsten Tag den Ring entfernen.
5. Nach Belieben z.B. mit Sahne und karamellisierten Rhabarberstückchen garnieren.

Rhabarber-Vanillecreme-Torte

Moorriemer Landcafé - Elsfleth

Zutaten

Biskuitteig

5 Eiweiß
5 Eigelb
4 EL Wasser
150g Zucker
80g Mehl
80g Speisestärke
2 TL Backpulver

Füllung

1 Liter Schlagsahne
3 Päckchen Vanillinzucker
1 EL Zucker
400g gefrorene Himbeeren
3 EL Zucker
3 EL Rosenwasser (aus der Apotheke)
1 Päckchen Sofort-Gelatine (30g)

Garnitur

12 Marzipanrosen und Blätter

Zubereitung

Biskuitteig

1 Das Eiweiß mit dem Wasser und Zucker sehr steif schlagen.
2 Eigelb unterrühren. Mehl, Speisestärke und Backpulver gesiebt locker unter die Masse heben.
3 Die 28er Springform mit Backpapier auslegen, die Masse hineingeben und bei 150°C 50 Minuten backen.
4 Den Boden auskühlen lassen und dann zweimal durchteilen, so dass drei Böden entstehen.

Füllung

1 Für die Füllung die Schlagsahne mit Vanillinzucker und Zucker steif schlagen. Etwas Sahne zum späteren Bestreichen der Torte aufheben.
2 Die Himbeeren mit dem Zucker und dem Rosenwasser vermischen und auftauen lassen.
3 Ein Päckchen Sofort–Gelatine nach Anleitung auf der Packung unter die Himbeeren rühren.

Weiterverarbeitung

1 Auf zwei Böden jeweils zuerst eine Sahneschicht und dann die Himbeermasse darauf verteilen.
2 Die Böden aufeinander setzen.
3 Mit der restlichen Sahne die Torte bestreichen und mit den Marzipanrosen und Blättern verzieren.

Rosentorte

Gartencafé auf dem Bauernhof - Hatzum

Zutaten

Mürbeteig

- 75g Butter
- 25g Zucker
- 100g Mehl
- 1 Prise Salz
- 1 Päckchen Vanillinzucker
- Saft von ½ Zitrone
- ½ Glas Aprikosenmarmelade

Biskuitteig

- 100g Zucker
- 5 Eier
- 100g Mehl
- 50g Kartoffelmehl
- 1 TL Backpulver

Füllung

- 500g Rhabarber
- 150g Zucker
- 1 Päckchen Rote Grütze
- 4 Becher Sahne

Zubereitung

Mürbeteig

1 Alle Zutaten zu einem Teig verkneten, eine Kugel formen und ungefähr eine Stunde kühl ruhen lassen.

2 In eine mit Backpapier ausgelegte 28er Springform flach drücken und bei ca. 175°C etwa 30 Minuten backen.

Biskuitteig

1 Eier und Zucker mit einem Mixer oder Schneebesen solange schaumig rühren, bis der Zucker komplett aufgelöst ist.

2 Die anderen Zutaten darauf sieben und vorsichtig unterrühren.

3 Im vorgeheizten Ofen bei 170°C (Umluft) etwa 25 Minuten backen.

4 Den Tortenboden auskühlen lassen und einmal waagerecht durchschneiden.

Füllung

1 Den Rhabarber mit Zucker und etwas Wasser aufkochen und dann das Rote-Grütze-Pulver unterrühren.

2 Die Sahne steif schlagen und unter die Rhabarbermasse heben.

Weiterverarbeitung

1 Den abgekühlten Mürbeteigboden mit der Aprikosenmarmelade bestreichen.

2 Einen halben Biskuitboden auf den Mürbeboden legen und mit einem Tortenring umstellen.

3 Darauf die Hälfte der zubereiteten Rhabarber-Sahne-Masse verstreichen und mit der anderen Hälfte des Biskuitbodens zudecken.

4 Auf dieser Decke die restliche Rhabarber-Sahne verteilen.

5 Über Nacht in den Kühlschrank stellen.

6 Am nächsten Tag den Rand entfernen und oben mit Sahne verzieren.

TIPP

Die Torte einen Tag vor dem Verzehr zubereiten. Dann zieht der Geschmack noch besser durch.

Rote Rhabarbertorte

Bauerncafé Hof Frien - Uchte

Zutaten

Teig

1 Glas Sauerkirschen
100g Margarine
150g Zucker
1 Päckchen Vanillinzucker
3 Eier
150g Mehl
2 TL Backpulver
2-3 EL Nuss-Nougat-Creme

Füllung

500g Sahnequark
100g Zucker
10 TL Gelatine
¾ Liter Sahne
½ Päckchen Vanille Bourbon

Garnitur

½ Liter Kirschsaft
50g Zucker
2 Päckchen roter Tortenguss

Zubereitung

Teig

1 Kirschen abtropfen lassen, den Saft dabei auffangen.
2 Margarine, Zucker und Vanillinzucker schaumig rühren.
3 Die Eier nacheinander unterrühren.
4 Mehl und Backpulver mischen und unterrühren.
5 Die Hälfte vom Teig in eine gefettete 28er Springform geben.
6 Die Nuss-Nougat-Creme unter den restlichen Teig rühren. Auf den hellen Teig streichen.
7 Die Kirschen bis auf einige zum Verzieren darauf verteilen.
8 Im vorgeheizten Ofen bei 150°C (Umluft) ca. 40-45 Minuten backen.
9 Danach den Tortenboden auskühlen lassen.

Weiterverarbeitung

1 Die Sahne steif schlagen.
2 Quark, Zucker, Vanillebourbon und die aufgelöste Gelatine mischen, dann die Sahne unterheben.
3 Die Masse auf den Boden streichen und kalt stellen.
4 Den Kirschsaft mit dem Zucker und dem Tortenguss nach der Anleitung auf dem Tortenguss-Päckchen aufkochen. Etwas abkühlen lassen und dann esslöffelweise auf dem Quark verteilen.
5 Vier Stunden kalt stellen.
6 Die Torte mit Sahnetuffs und Kirschen verzieren.

Rotkäppchentorte

Café im Backhaus - Bassum

Zutaten

Mürbeteig

500g Mehl
150g Zucker
2 TL Backpulver
250g Butter
2 Eier

Füllung

6-7 Eigelb
600g saure Sahne
Saft von 1 Zitrone
200g Zucker
eventuell etwas Weißwein
2 gehäufte TL Stärkemehl

Zitronen-Zuckerguss

200g Puderzucker
Saft von einer Zitrone

Verzierung

etwas Schokoladen-Kuvertüre

Zubereitung

Mürbeteig

1. Alle Zutaten gut miteinander verkneten, eine Kugel formen und etwa 30 Minuten kühl ruhen lassen.
2. Aus dem Teig vier bis fünf dünne Böden jeweils in einer mit Backpapier ausgelegten 28er Springform nacheinander maximal 10 Minuten bei etwa 170°C backen und abkühlen lassen.

Füllung

1. Alle Zutaten in einer Schüssel gut miteinander verrühren.
2. Einen Kochtopf zu gut einem Drittel mit Wasser füllen und fast zum Kochen bringen. Dahinein die Schüssel mit der Creme stellen und im Wasserbad unter ständigem Rühren mit dem Schneebesen zum Aufwallen bringen.
3. Anschließend kalt stellen, dabei öfters umrühren.

Weiterverarbeitung

1. Auf dem ersten Mürbeteigboden Creme verstreichen und mit dem zweiten Boden zudecken.
2. Diesen Vorgang entsprechend der Anzahl der Böden wiederholen und mit dem letzten Boden zudecken.
3. Puderzucker sieben und den Saft der Zitrone unter ständigem Rühren tröpfchenweise dazu geben, bis kein trockener Zucker mehr übrig ist.
4. Diesen Zitronen-Zuckerguss über die Torte streichen und mit ein wenig im Wasserbad verflüssigter Schokoladen-Kuvertüre verzieren

TIPP

Die Torte schmeckt am besten, wenn sie gut durchgezogen ist. Man kann sie deshalb auch noch nach zwei bis drei Tagen genießen.

Saure-Sahne-Torte

Landcafé Neubokel - Gifhorn-Neubokel

Zutaten

Rührteig

- 2 Eier
- 160g Zucker
- 200g Mehl
- 200g Butter
- 2 TL Bakin

Füllung

- 3-4 Bananen
- 850 ml Dose Mandarinen
- 3 EL Zucker
- 3 EL Rum 54%
- 0,5 Liter Sahne
- einige gebräunte Mandelstifte
- Saft einer Apfelsine und einer Zitrone

Zubereitung

Rührteig

1. Die Butter auslassen und abkühlen.
2. Eier, Zucker und Butter unter kräftigem Rühren vermischen.
3. Das Mehl und Bakin unterheben und anschließend in einer gefetteten 28er Springform ca. 45-55 Minuten bei 175° abbacken.
4. Den Boden einmal waagerecht durchschneiden.

Füllung

1. Apfelsinen- und Zitronensaft mit dem Rum verrühren.
2. Die Sahne mit dem Zucker steif schlagen und mit etwas Rum abschmecken.
3. Die geschälten Bananen in Scheiben schneiden und damit den unteren Boden belegen.
4. Anschließend das Ganze mit dem Saftgemisch gleichmäßig beträufeln.
5. Die Mandarinen auf den Bananen verteilen und mit etwas Sahne füllen.
6. Den zweiten Boden auflegen und mit Sahne bedecken und umstreichen.
7. Die gebräunten Mandeln mit einigen Bananenscheiben und Mandarinen sowie geschlagener Sahne zur Dekoration verwenden.

Schlemmerchens Traumtorte

Sellianer Dielen-Café - Zernien

Zutaten	Zubereitung
Biskuitteig hell	**Biskuitteig hell**
6 frische Eier	1 Eigelb, Wasser, Zucker und Vanillinzucker in einer Schüssel mit einem Mixer auf höchster Stufe schaumig schlagen.
6 EL Wasser	2 Mehl Speisestärke und das Backpulver sieben und auf niedrigster Stufe unter die Eigelbmasse rühren.
200g Zucker	3 Eiweiß steif schlagen und unter den Teig heben.
1 Päckchen Vanillinzucker	4 Den Boden einer Springform mit Backpapier auslegen und den Teig in die Form geben.
1 Prise Salz	5 Bei 180°C ca. 25 Minuten backen.
100g Mehl	
100g Speisestärke	
1 gestrichener TL Backpulver	

Zutaten

Biskuitteig hell
- 6 frische Eier
- 6 EL Wasser
- 200g Zucker
- 1 Päckchen Vanillinzucker
- 1 Prise Salz
- 100g Mehl
- 100g Speisestärke
- 1 gestrichener TL Backpulver

Biskuitteig dunkel
- Siehe Zutaten heller Biskuitteig plus
- 2-3 gehäufte EL Kakaopulver

Mürbeteig
- 100g Zucker
- 150g Butter oder Margarine
- 1 Päckchen Vanillinzucker
- 1 Prise Salz
- 1 Ei
- 1 Messerspitze Backpulver
- 250g Mehl

Füllung
- 1 Liter Schlagsahne
- Ananas- oder Pfirsichmarmelade
- Eierlikör

Garnitur
- Eierlikör
- Schokosoße

Zubereitung

Biskuitteig hell
1. Eigelb, Wasser, Zucker und Vanillinzucker in einer Schüssel mit einem Mixer auf höchster Stufe schaumig schlagen.
2. Mehl Speisestärke und das Backpulver sieben und auf niedrigster Stufe unter die Eigelbmasse rühren.
3. Eiweiß steif schlagen und unter den Teig heben.
4. Den Boden einer Springform mit Backpapier auslegen und den Teig in die Form geben.
5. Bei 180°C ca. 25 Minuten backen.

Biskuitteig dunkel
1. Einen hellen Biskuitteig anrühren und zusammen mit dem Mehl und dem Backpulver 2 bis 3 gehäufte EL Kakaopulver unter die Eimasse rühren.
2. Wie den hellen Biskuit backen.
3. Beide Biskuitböden nach dem Abkühlen einmal waagerecht durchschneiden.

Mürbeteig
1. Die vorbereiteten Zutaten in angegebener Reihenfolge in einer Rührschüssel zu einem glatten Teig verkneten.
2. Den Teig etwa 1 Stunde kalt stellen.
3. Den Teig auf dem Boden einer Springform dünn ausrollen.
4. Bei 180 bis 200°C etwa15 bis 20 Minuten goldbraun backen.

Weiterverarbeitung
1. Die Schlagsahne steif schlagen.
2. Den Mürbeteigboden mit der Marmelade bestreichen.
3. Den ersten hellen Biskuitboden auflegen und dünn erst mit Eierlikör und dann mit Sahne bestreichen.
4. Dann den ersten dunklen Biskuitboden auflegen und ebenfalls mit Eierlikör und Sahne bestreichen.
5. Es folgt der 2. helle Biskuitboden, der mit Marmelade bestrichen wird. Darauf wird wieder Sahne verteilt.
6. Der letzte braune Biskuitboden wird als Abschluss aufgelegt.
7. Nun wird aus der Mitte ein Kegel herausgeschnitten. Dazu setzen Sie ein langes Messer etwa 1 cm vom Rand der Torte schräg an und schneiden einen Kegel in die Böden. Lediglich der Mürbeteig darf nicht durchgeschnitten werden!
8. Der Kegel wird mit einem Pfannenwender aus der Torte herausgezogen und umgekehrt wieder vorsichtig in die entstandene Lücke gesetzt.

Schlosstorte

Garnitur

1 Die Torte rundherum mit der restlichen Sahne bestreichen und garnieren.

2 Zum Verzieren Eierlikör und Schokoladensoße verwenden.

Lüßmann's Hof - Hambühren

Zutaten

Teig

100g Zartbitterschokolade
100g Butter
4 Eier
75g Zucker
4 bis 6 cl Amaretto
250g gemahlene Haselnüsse
1 TL Backpulver
2 EL Honig
75g Butter
75g Sahne
100g gehobelte Mandeln

Füllung

5 Äpfel
300 ml Apfelsaft
5 EL Zucker
1 Päckchen Vanillinzucker
150 ml Milch
800 ml Sahne
12 Blatt Gelatine
etwas Puddingpulver

Zubereitung

Teig

1 Schokolade hacken. Butter schmelzen und abkühlen lassen.
2 Eier trennen.
3 Eiweiß und Zucker zu festem Eischnee schlagen. Eigelb unterrühren.
4 Amaretto, gehackte Schokolade, Haselnüsse und Backpulver unterheben.
5 Zum Schluss die flüssige Butter einrühren.
6 Den Teig in eine Springform füllen und bei 160°C im Umluftherd ca. 20 Minuten backen.
7 Honig, Butter und Sahne erhitzen. Mandeln einrühren und zu einer Mandelmasse verrühren.
8 Nach 20 Minuten Backzeit die Mandelmasse auf den Boden streichen und nochmals 10 Minuten backen.
9 Den Boden nach dem Erkalten einmal waagerecht durchschneiden.

Füllung

1 Äpfel schälen und würfeln.
2 Apfelsaft mit Zucker und Vanillin aufkochen. Äpfel darin ca. 3 Minuten dünsten.
3 Mit etwas Puddingpulver andicken und dann abkühlen lassen.
4 Milch und 1/4 Liter Sahne erhitzen; darin die eingeweichte Gelatine auflösen.
5 Diese Milchmasse unter die Äpfel ziehen.
6 Die restliche Sahne steif schlagen und unter die Apfelmasse heben.
7 Einen Tortenring um die eine Hälfte des Bodens stellen und die Apfel-Sahne-Masse aufstreichen.
8 Den oberen Boden in 16 Stücke teilen und auf der Apfelmasse anrichten.
9 Vollständig abkühlen lassen, dann den Tortenring entfernen.

Schokoladenbienenstich mit Apfelsahne

Zutaten

Tortenboden

150g Zucker
6 Eier
etwas Zimt
1 abgeriebene Zitrone
150g Schwarzbrotbrösel
70g Mehl
2 TL Backpulver

Füllung

750 ml Sahne
250g gute Schokolade
Johannisbeergelee

Zubereitung

Tortenboden

1 Fünf der sechs Eier in Eiweiß und Eigelb trennen.
2 Den Zucker, das Eigelb und das sechste Ei schaumig schlagen.
3 Das Eiweiß zu Eischnee schlagen und unter die Masse heben.
4 Dazu etwas Zimt und die abgeriebene Zitrone geben.
5 Die restlichen Zutaten (Schwarzbrotbrösel, Mehl, Backpulver) vorsichtig unterheben und die ganze Masse vermischen.
6 Den Teig in einer mit Backpapier ausgelegten 28er Springform bei 190°C-200°C Unter- und Oberhitze ca. 30-35 Minuten backen.

Weiterverarbeitung

1 Die Sahne und die Schokolade aufkochen und über Nacht kalt stellen.
2 Die Schokosahne steif schlagen.
3 Den fertigen Boden zweimal waagerecht durchschneiden.
4 Den unteren Boden mit Johannisbeergelee bestreichen und mit der Schoko-Sahne-Creme füllen.
5 Die Torte zusammensetzen mit Schokosahne und nach Belieben verzieren.

Tipp

Die Füllung schon einen Tag vorher zubereiten.

Schoko-Brot-Torte

Bauernhofcafé In´t Hürhus - Emsbüren

Zutaten

Rührteig

250g Zucker
250g weiche Margarine
1 Päckchen Vanillinzucker
5 Eier
250g Weizenmehl
3 TL Backpulver
2 EL geölter Kakao

Füllung

1 Liter Sahne
2 Tafeln Bitterschokolade
1 Dose Birnen

Zubereitung

Rührteig

1. Zucker, Vanillinzucker und weiche Margarine schaumig rühren.
2. Die Eier, das Weizenmehl und das Backpulver nach und nach dazugeben.
3. 2/3 des Teiges in einer mit Backpapier ausgelegten 28er Springform bei 150°C ca. 30 Minuten abbacken.
4. In das restliche Drittel des Teiges den Kakao unterrühren.
5. In einer 28er Springform bei 150°C ca. 15 Minuten abbacken.

Füllung

1. Die Sahne aufkochen.
2. Die Schokolade in der Sahne auflösen und 24 Stunden kühl stellen.

Fertigstellung

1. Den hellen Boden einmal waagerecht durchschneiden.
2. Zwei helle und einen dunklen Boden mit geschlagener Schokosahne und fein gewürfelten Birnenstückchen zusammensetzen.
3. Mit Schokosahne einkleiden und nach Belieben verzieren.

Schokoladen-Birnen-Torte

Kaffeedeel - Vierden

Zutaten

Mandel-Mürbeteig

60g Butter
60g Zucker
60g Mehl
50g gemahlene Mandeln

Biskuitboden

4 Eier
4 EL Wasser
150g Zucker
1 Päckchen Vanillinzucker
110g Speisestärke
10g gemahlene Nüsse
10g Kakaopulver
70g Weizenmehl
3 TL Backpulver

Füllung

50g Vollmilchschokolade
40g Zartbitterschokolade
6 (1,2 Liter) Becher Sahne

Belag

2 Gläser Kirschen
2 Päckchen roter Tortenguss

Bestrich

Kirschkonfitüre

Dekoration

Kirschen
Schokoraspeln
Schokoladenornamente

Zubereitung

Mandel-Mürbeteig

1 Alle Zutaten zu einem Teig verkneten.
2 Den Teig in eine mit Backpapier ausgelegte 28er Springform drücken und den Boden bei 175°C etwa 10 bis 15 Minuten backen.

Biskuitboden

1 Eier, Wasser und Zucker sehr schaumig rühren.
2 Mehl, Speisestärke, Nüsse, Kakao und Backpulver sieben und unterheben.
3 Eine 28er Springform mit Backpapier auslegen.
4 Den Teig in die Springform füllen, glatt streichen und bei 180°C 30 bis 35 Minuten backen.
5 Den erkalteten Boden zweimal waagerecht durchschneiden.

Füllung

1 Die sechs Becher Sahne in einen mit kaltem Wasser ausgespülten Kochtopf geben.
2 Die Schokolade in Stücke brechen und zu der Sahne geben. Das Ganze unter Rühren zum Kochen bringen (einmal richtig aufkochen lassen).
3 Die Schokoladensahne in eine Rührschüssel geben und abkühlen lassen. Gelegentlich umrühren und über Nacht (etwa 10 Stunden) in den Kühlschrank stellen.

Belag

1 Die Kirschen auf einem Sieb abtropfen lassen. Eventuell zwölf Kirschen für die Dekoration zurücklassen.
2 Knapp ½ Liter Kirschsaft mit dem Tortenguss nach Vorschrift auf der Packungsbeilage andicken.

Weiterverarbeitung

1 Den Mandel-Mürbeteigboden auf eine Tortenplatte legen und mit einem Tortenring umschließen.
2 Den Boden dünn mit Kirschkonfitüre bestreichen.
3 Den ersten Biskuitboden auflegen.
4 Die abgetropften Kirschen auf den Biskuitboden geben und diese mit dem angedickten, etwas abgekühlten Kirschsaft bedecken. Kalt stellen.
5 In der Zwischenzeit die Schokoladensahne steif schlagen. Ein Drittel der Sahne zum Bestreichen und zur Dekoration zurücklassen.
6 Ein zweites Drittel der Sahne über die Kirschen geben und glatt streichen.
7 Den zweiten Biskuitboden auflegen, die restliche Schokosahne darauf glatt streichen und den dritten Biskuitboden auflegen..

Schokoladen-Kirschtorte

8 Den Tortenring lösen, abnehmen und die Torte von außen mit der zurückgestellten Schokoladensahne bestreichen.

Dekoration

1 Die Torte nach Geschmack mit der Sahne bespritzen.
2 Wahlweise mit den zurückgelassenen Kirschen, Schokoladenraspeln und Schokoladenornamenten verzieren.

Tipp – Wie man Schokoladenornamente selber herstellt

90g Schokoladenglasur zerkleinern, in eine Porzellanschüssel geben und im Wasserbad zum Schmelzen bringen. Die flüssige Schokolade in einen Einwegspritzbeutel geben und vorne ein kleines Loch schneiden. Auf Backpapier nach der eigenen Fantasie Ornamente formen und abkühlen lassen.

Bauerncafé Ole Müllern Schün - Müden/Örtze

Zutaten

Mürbeteig
- 150g Mehl
- 75g Butter
- 50g Zucker
- 1 Ei
- ½ Päckchen Vanillinzucker
- 1 Messerspitze Backpulver
- 1 Prise Salz

Dunkler Biskuitteig
- 400g Vollei (8 Eier)
- 200g Zucker
- ½ Päckchen Vanillinzucker
- 1 Prise Salz
- 180g Weizenmehl
- 40g Weizenstärke
- 1 EL Kakao
- 1 EL Schokoraspeln
- ½ TL Backpulver

Schokoladensahne
- ¾ Liter Vollmilch
- 2 Tafeln Halbbitterschokolade (z.B. Rittersport)
- 6 Blatt Gelatine
- geschlagene Sahne

Mascarponemasse
- 3 Eigelb
- 20g Zucker
- 125g Butter
- 3 EL Puderzucker
- 200g Philadelphia
- 250g Mascarpone
- 8 Blatt Gelatine
- 700g geschlagene Sahne
- 125g schnittfeste Nougat-Masse

- Preiselbeermarmelade
- Vollmilchschokolade

Zubereitung

Mürbeteig
1. Alle vorgegebenen Zutaten verkneten und in einer 30er Springform ausrollen.
2. Bei 185°C Ober- und Unterhitze etwa 14 Minuten backen.

Dunkler Biskuitteig
1. Eier, Zucker, Vanillinzucker und eine Prise Salz cremig rühren.
2. Die restlichen Zutaten vorsichtig unterheben.
3. In eine 30er Springform füllen und bei 185°C etwa 35 Minuten backen.
4. Nach dem Abkühlen zweimal waagerecht durchschneiden.

Schokoladensahne
1. Die Milch mit der Schokolade aufkochen und über Nacht kalt stellen.
2. Einen kleinen Rest beiseite stellen. Er wird zum Einstreichen verwendet.

Mascarponemasse
1. Das Eigelb mit dem Zucker erhitzen bis sich beim Hineinpusten eine Rose bildet.
2. Butter, Puderzucker, Philadelphia, Mascarpone und Gelatine verrühren.
3. Die geschlagene Sahne unterheben.
4. Die feste Nougatmasse in kleine Würfel schneiden und unter die Masse heben.

Weiterverarbeitung
1. In eine bauchige Schale einen aufgeschnittenen Plastikbeutel legen.
2. Einen dünnen Biskuitboden hinein geben und die Mascarponemasse einfüllen.
3. Einen weiteren dünnen Biskuitboden darauf legen.
4. Dann die Schokomasse einfüllen.
5. Danach wieder einen Biskuitboden darauf legen.
6. Dann die Preiselbeermarmelade auf den Biskuit streichen und den Mürbeboden als Abschluss darauflegen.
7. Nach 2 Stunden die Torte auf eine Platte stürzen und die Folie von dem Buckel abziehen.
8. Mit geschlagener Schokosahne einstreichen und ganz mit Vollmilch-Schokoraspeln bedecken.

Schoko-Mascarpone-Nougat-Torte

Akaziencafé - Sottrum

Zutaten

Biskuitteig

4 frische Eier
150g Zucker
100g Vollmilchschokolade
30g Margarine
1 Päckchen Vanillinzucker
100g Weizenmehl
60g Maizena (Maismehl)
2 TL Backpulver
50g gehobelte Vollmilchkuvertüre

Röllchenteig

25g Margarine
250g Zucker
1 Päckchen Vanillinzucker
1 Ei
250g Weizenmehl
3/8 Liter Wasser

Füllung

1250 ml Sahne
100g weiße Kuvertüre
150g Vollmilchkuvertüre
Pflaumenmus

Hilfsmittel

Crêpes-Eisen

Zubereitung

Biskuitteig

1 Eier trennen.
2 Aus dem Eiweiß Eischnee schlagen.
3 Zucker und Vanillinzucker einrieseln.
4 Dann die Eigelbe dazugeben.
5 Die im Wasserbad geschmolzene Vollmilchschokolade und Margarine unterrühren.
6 Anschließend Mehl, Maizena und Backpulver mischen und unterrühren.
7 Zum Schluss die gehobelte Kuvertüre unterheben.
8 Den Teig in eine gefettete 26er Springform füllen und bei 170°C etwa 40 Minuten backen.

Röllchen

1 Die Margarine schaumig rühren.
2 Nach und nach den Zucker, Vanillinzucker und das Ei dazugeben.
3 Das gesiebte Mehl abwechselnd mit dem Wasser unterrühren. Soviel Wasser verwenden, dass der Teig ziemlich dünn ist.
4 Etwas Teig in ein gut erhitztes Crêpes-Eisen füllen und von beiden Seiten goldbraun backen.
5 Die Crêpes schnell aus dem Eisen lösen und noch heiß zu Tüten wickeln. Damit sie knusprig bleiben, erkalten lassen und in einer gut verschließbaren Dose aufbewahren (14 Röllchen für eine Torte).

Weiterverarbeitung

1 Einen halben Liter Sahne mit der weißen Kuvertüre, ¾ Liter Sahne mit der braunen Vollmilch-Kuvertüre aufkochen und erkalten lassen (am besten über Nacht).
2 Die weiße und die braune Schokosahne getrennt steif schlagen.
3 Zuerst alle Crêpes-Tüten mit Pflaumenmus (je 1 Teelöffel), dann 7 Tüten mit weißer und 7 Tüten mit brauner Schokosahne füllen. Anschließend kalt stellen.
4 Den Tortenboden zweimal durchschneiden, den unteren Boden mit Pflaumenmus bestreichen, mit dem mittleren Boden bedecken, mit der weißen Schokosahne bestreichen und den oberen Boden darauflegen.
5 Die Tortenoberfläche und den Rand mit der dunklen Schokosahne bestreichen.
6 Die gefüllten Röllchen - abwechselnd dunkel und hell - auf die Torte legen.

Schokotüten-Torte

Eggelmanns Hofcafé - Obernkirchen

Zutaten

Mandel-Mürbeteig

100g Zucker
100g Butter
100g Mehl
100g gemahlene Mandeln
1 Messerspitze Backpulver

Joghurtmasse

650g Joghurt
120g Zucker
Saft von 1 ½ Zitronen
12 Blatt weiße Gelatine
500g Schlagsahne

Erdbeermasse

500g Erdbeeren
50g Zucker
Saft von ½ Zitrone
6 Blatt rote Gelatine

Zubereitung

Mandel-Mürbeteig

1. Alle Zutaten zu einem krümeligen Mürbeteig verkneten.
2. In eine mit Backpapier ausgelegte 28er Springform drücken.
3. Bei 180°C Umluft ca. 15 Minuten goldbraun backen.
4. Aus der Backform lösen und auskühlen lassen.
5. Einen Tortenring um den Boden legen.

Joghurtmasse

1. Gelatine getrennt einweichen.
2. Joghurt, Zucker und Zitronensaft verrühren.
3. Die Sahne steif schlagen.
4. Die weiße Gelatine auflösen, unter die Joghurtmasse geben.
5. Wenn die Masse „Straßen" zieht, die Sahne unterheben und die Masse auf dem Tortenboden verteilen.

Erdbeermasse

1. Die Erdbeeren pürieren.
2. Zitronensaft und Zucker unter das Erdbeerpüree mischen.
3. Die rote Gelatine auflösen und unter das Püree geben.

Weiterverarbeitung

1. Die Erdbeermasse vorsichtig auf die Joghurtmasse gießen.
2. Mit einem Esslöffel Nocken aus der Joghurtmasse herausdrehen und als Wolken auf das Erdbeerpüree setzen.
3. Über Nacht im Kühlschrank erstarren lassen.

Sommerwolken

Eggershof-Café - Soltau

Zutaten

Biskuit

4 Eier
1 Prise Salz
150g Zucker
100g Weizenmehl
100g Stärke
100 ml Wasser
1 Päckchen Vanillezucker
1,5 Päckchen Backpulver
15g Spekulatius-Gewürzmischung
Fett zum Einstreichen der Form

Füllung

400g Pflaumen
100 ml Glühwein
3 Blatt eingeweichte Gelatine
100g Spekulatiuskekse
900g geschlagene Sahne

Dekoration

Granatäpfelkerne
Schale einer unbehandelten Apfelsine
Minze- oder Zitronenmelisseblätter

Zubereitung

Biskuitteig

1 Die vier Eiweiß mit der Prise Salz und Zucker steif schlagen.
2 Das Eigelb mit dem Zucker schaumig rühren, dann abwechselnd Mehl, Stärke und Wasser dazu geben.
3 Den Teig mit dem Vanillinzucker, dem Backpulver und der Gewürzmischung weitere 3 Minuten mit dem Mixer (höchste Stufe) rühren.
4 Nun den Eischnee gut unter den Teig heben.
5 Den Teig in eine gefettete 28er Springform geben und im vorgeheizten Ofen bei 180°C etwa 25 Minuten auf mittlerer Schiene backen.

Weiterverarbeitung

1 Den Saft der Pflaumen abgießen, mit dem Glühwein vermengen und mit der erwärmten Gelatine für 60 Minuten kalt stellen.
2 Unter den so gebundenen Pflaumensaft nun die Pflaumen rühren. Einige zur Dekoration zurückbehalten.
3 Den abgekühlten Biskuitboden zweimal horizontal durchschneiden.
4 Die untere Lage mit Sahne bestreichen, darauf die Glühwein-Pflaumen geben und diese wiederum mit Sahne bedecken.
5 Nun kommt der zweite Boden darauf. Diesen auch mit Sahne bestreichen.
6 Es folgt die dritte Biskuitschicht.
7 Die ganze Torte rundum mit Sahne glatt bestreichen und am Rand mit den zerstoßenen Spekulatiuskeksen verzieren.
8 Mit einem Rest der Sahne den Spritzbeutel füllen und die Torte ganz nach Belieben verzieren.
9 Mit Pflaumen, Granatäpfelkernen und hauchdünnen Streifen einer Apfelsinenschale dekorieren.

Spekulatius-Glühweinpflaumen-Torte

Gartencafé auf dem Bauernhof - Hatzum

Zutaten

Mürbeteig

- 75g Butter
- 25g Zucker
- 100g Mehl
- 1 Päckchen Vanillinzucker
- ½ Glas Aprikosenmarmelade

Biskuitteig

- 100g Zucker
- 3 ganze Eier
- 3 Eigelb
- 150g Mehl
- 1 TL Backpulver
- 1 Päckchen Vanillinzucker

Baiser

- 3 Eiweiß
- 100g Zucker

Füllung

- 1 Glas Stachelbeeren
- 2 Päckchen Tortenguss
- 5 Becher Schlagsahne
- 3-4 EL Puderzucker

Garnitur

- 50g Haferflocken
- 50g Mandeln
- 2-4 EL Zucker
- Butter

Zubereitung

Mürbeteig

1. Alle Zutaten zu einem Teig verkneten, eine Kugel formen und ungefähr eine Stunde kühl ruhen lassen.
2. In eine mit Backpapier ausgelegte 28er Springform flach drücken und bei ca. 175°C etwa 30 Minuten backen.

Biskuitteig

1. Eier und Zucker mit einem Mixer oder Schneebesen solange schaumig rühren, bis der Zucker komplett aufgelöst ist.
2. Die anderen Zutaten daraufsieben und vorsichtig unterrühren.
3. Den Teig in eine mit Backpapier ausgelegte 28er Springform geben und glatt streichen.

Baiser

1. Das Eiweiß mit dem Zucker steif schlagen.
2. Die Baisermasse auf dem Biskuitteig verteilen.
3. Diesen Biskuit-Baiser-Boden bei 180°C etwa 35 Minuten backen.
4. Nach dem Abkühlen einmal waagerecht durchschneiden.

Weiterverarbeitung

1. Den Mürbeteigboden mit Marmelade bestreichen und die untere Hälfte des Biskuit-Bodens darauflegen und etwas andrücken.
2. Die Stachelbeeren kurz aufkochen und den Tortenguss unterrühren.
3. Die Masse auf dem Biskuit verteilen und auskühlen lassen.
4. Die Schlagsahne mit dem Puderzucker steif schlagen und auf den Stachelbeeren verstreichen.
5. Den oberen Biskuit-Baiser-Boden in 12 gleich große Stücke schneiden und auf die Sahne legen.

Garnitur

1. Haferflocken und Mandeln mit etwas Butter und Zucker rösten.
2. Mit diesem Krokant den Tortenrand nach Belieben garnieren.

Stachelbeertorte

Moorriemer Landcafé - Elsfleth

Zutaten

Rührteig

150g Butter
250g Zucker
6 Eier
1 EL Mehl
2 EL Kakao
1 Päckchen Backpulver
75g gemahlene Haselnüsse
75g gemahlene Mandeln

Füllung

1 Glas Wald-Heidelbeeren
½ Glas Preiselbeeren
1½ Päckchen Vanille-puddingpulver
2 EL Zucker
1 EL Zitronensaft
1 Liter Schlagsahne

Zubereitung

Rührteig

1. Die Eier trennen.
2. Das Eigelb und die restlichen Zutaten gut verrühren.
3. Das Eiweiß steif schlagen und vorsichtig unter den Rührteig heben.
4. Den Teig in einer 28er Springform bei 180°C (Umluft 150°C) ca. 60 Minuten backen.
5. Den erkalteten Boden zweimal durchschneiden .

Füllung

1. Heidelbeeren abtropfen lassen und den Saft mit Wasser auf 500 ml auffüllen.
2. Aus Heidelbeersaft, Zitronensaft, Vanillepuddingpulver und Zucker einen Pudding kochen.
3. Anschließend die Heidelbeeren und Preiselbeeren unter den noch warmen Pudding rühren.

Weiterverarbeitung

1. Den untersten Boden mit dem Fruchtpudding füllen und erkalten lassen.
2. Die Sahne steif schlagen.
3. Eine dünne Schicht Sahne auf den Fruchtpudding streichen.
4. Den 2. Boden auflegen und wieder eine dünne Schicht Sahne aufstreichen.
5. Von der restlichen Sahne etwas für die Garnierung aufheben.
6. Den 3. Boden in die Sahnemasse krümeln und aufstreichen.
7. Torte mit der restlichen Sahne garnieren.

Torftorte

Selliener Dielen-Café - Zernien

Zutaten

Biskuit

6 frische Eier
6 EL Wasser
200g Zucker
1 Päckchen Vanillinzucker
1 Prise Salz
100g Mehl
100g Speisestärke
1 gestrichener TL Backpulver

Vanillecreme

400g Schmand
70g Zucker
200 ml Vanillelikör
200 ml Eierlikör
Mark von 1 Vanilleschote
8 Blatt weiße Gelatine
750 ml Sahne

Beerenmus

300g Beerenmischung (frisch oder tiefgefroren)
100g Zucker
6 Blatt weiße Gelatine

Garnitur

250 ml Sahne
12-14 Beeren

Zubereitung

Biskuit

1. Eigelb, Wasser, Zucker und Vanillinzucker in einer Schüssel mit einem Mixer auf höchster Stufe schaumig schlagen.
2. Mehl, Speisestärke und das Backpulver sieben und auf niedrigster Stufe unter die Eigelbmasse rühren.
3. Eiweiß steif schlagen und unter den Teig heben.
4. Den Boden einer Springform mit Backpapier auslegen und den Teig in die Form geben.
5. Bei 180°C etwa 25 Minuten backen.

Vanillecreme

1. Weiße Gelatine auflösen und mit den übrigen Zutaten (außer Sahne) in einer Schüssel verrühren.
2. Die Sahne schlagen und unter die Schmand-Likör-Masse heben.

Weiterverarbeitung

1. Die Beerenmischung mit Zucker pürieren.
2. Die Gelatine auflösen und unter dieses Beerenmus rühren.
3. Den Biskuitboden einmal waagerecht durchschneiden.
4. Um den ersten Boden einen Tortenring legen.
5. Die Vanillelikörmasse darauf verteilen.
6. Wenn das Beerenmus anfängt zu stocken, dieses auf der Vanillemasse verteilen.
7. Jetzt hebt man an verschiedenen Stellen Creme und Mus mit einem Esslöffel heraus und füllt dieses umgedreht wieder in die entstandene Lücke ein. Dadurch entsteht beim Schneiden der Torte ein tolles Muster.
8. Den zweiten Biskuitboden auflegen und die ganze Torte mit Sahne bestreichen.
9. Mit Sahne und Beeren verzieren.

Vanillesahne mit Beerenmus

Bauerncafé Hof Frien - Uchte

Zutaten

Biskuit

5 Eier
250g Zucker
125g Mehl
125g Speisestärke
1 Päckchen Vanillinzucker
1 Päckchen Backpulver
3 EL Mohn

Füllung

2 Glas à 450g Waldfruchtmarmelade
10 TL Gelatine
750 ml Sahne
200g Marzipan

Garnitur

2 TL Puderzucker
50g Kuvertüre

Zubereitung

Biskuit

1 Eier und Zucker mit dem Mixer oder Schneebesen so lange schaumig rühren, bis der Zucker komplett aufgelöst ist.
2 Die restlichen Zutaten vorsichtig unterrühren.
3 Im vorgeheizten Ofen bei 170°C (Umluft) etwa 25 Minuten backen.
4 Den Tortenboden auskühlen lassen und einmal waagerecht durchschneiden.

Weiterverarbeitung

1 1 ½ Glas Waldfruchtmarmelade mit der aufgelösten Gelatine vermengen.
2 Einen halben Liter Sahne steif schlagen, unter die Marmeladenmasse heben und auf die eine Hälfte des Biskuitbodens geben.
3 Den zweiten Boden darauf geben, mit ½ Glas Waldfruchtmarmelade bestreichen und den Rest der Sahne - steif geschlagen – darüber geben und den Rand bestreichen.
4 Das Marzipan mit dem Puderzucker gut vermengen.
5 Eine Marzipanplatte von 28cm Durchmesser ausrollen und in 12 Stücke schneiden.
6 Die Torte in 12 Stücke schneiden, die einzelnen Marzipanteile darauflegen und mit der in einem Wasserbad erwärmten, flüssigen Kuvertüre verzieren.

Waldfrucht-Mohn-Torte

Hofcafé „Straußenei“ - Steyerberg

Zutaten

Biskuit

6 Eier
170g Zucker
1 Päckchen Vanillinzucker
1 Prise Salz
100g Mehl
75g Stärkemehl

Füllung

200g Johannisbeergelee
500g Sahne
1 EL Zucker
100g Walnüsse

Garnitur

300g Marzipan
200g Sahne

Zubereitung

Biskuit

1. Die Eier trennen.
2. Das Eiweiß mit dem Mixer steif schlagen und anschließend den Zucker einrieseln lassen.
3. Das Eigelb vorsichtig unterheben.
4. Die restlichen Zutaten vorsichtig unterrühren.
5. Im vorgeheizten Umluftofen bei 175°C etwa 25 Minuten backen.
6. Den Tortenboden auskühlen lassen und zweimal waagerecht durchschneiden.

Weiterverarbeitung

1. Das Johannisbeergelee auf den untersten Boden streichen.
2. Die Sahne mit dem Zucker steif schlagen.
3. Die Walnüsse hacken und unter die Sahne heben.
4. Die eine Hälfte der Walnuss-Sahne auf das Johannisbeergelee geben, die zweite Biskuitscheibe auflegen und mit der zweiten Hälfte der Nuss-Sahne bestreichen.
5. Die dritte Biskuitscheibe auflegen und die ganze Torte mit der Hälfte der geschlagenen „Garnitur-Sahne“ bestreichen.
6. Das Marzipan ausrollen und über die Torte legen.
7. Für die Garnitur die Torte mit der restlichen Sahne nach persönlichem Geschmack verzieren.

Walnusstorte mit Marzipanhaube

Zutaten

Biskuitteig

75g Walnusskerne
160g Mehl
6 Eier
150g Zucker
Salz
1 TL dünn abgeriebene Schale einer unbehandelten Zitrone
4 EL Walnussöl
Fett und Mehl für die Form

Creme

½ Liter Milch
60g Speisestärke
4 Eigelb
150g Zucker
Salz
6 cl Whisky
1/8 Liter Whisky-Sahne-Likör
300g weiche Butter

Krokant

50g Puderzucker
50g Mandelblättchen
Öl für's Backblech

Zubereitung

Biskuitteig

1 Die Walnüsse in der Mandelmühle malen und mit dem gesiebten Mehl mischen.
2 Eier, Zucker, eine Prise Salz und die Zitronenschale in einen Schneekessel geben und mit den Quirlen des Handrührgerätes im heißen Wasserbad dicklich-cremig aufschlagen.
3 Den Kessel in kaltes Wasser setzen, die Masse kalt schlagen und dann die Walnuss-Mehl-Mischung und das Walnussöl unterheben.
4 Eine 26er Springform nur am Boden fetten und mit Mehl ausstäuben. Die Masse in die Springform füllen und im vorgeheizten Backofen bei 160° Grad (Umluft) auf der 2. Einschubleiste von unten 40 – 45 Minuten backen.
5 In der Form auskühlen lassen.

Creme

1 1/8 Liter Milch mit Stärke und Eigelb in einer Schüssel verquirlen.
2 Die restliche Milch mit Zucker und 1 Prise Salz zum Kochen bringen und das Eigelb-Stärke-Gemisch einrühren. Unter ständigem Rühren 1-2 Minuten durchkochen und erkalten lassen.
3 Die Butter nach und nach mit den Quirlen des Handrührgerätes unter die Creme schlagen.
4 Whisky mit Whisky-Sahne-Likör mischen und ¾ davon unter die Creme schlagen.

Weiterverarbeitung

1 Den Tortenboden zweimal waagerecht durchschneiden und beide Böden mit dem Rest der Likörmischung beträufeln.
2 Die Böden auf einer Kuchenplatte mit 2/3 der Creme zusammensetzen, mit restlicher Creme rundherum glatt bestreichen und etwa zwei Stunden kühl stellen. Etwas Creme für die Dekoration zurückhalten.
3 Für den Krokant den Puderzucker bei mittlerer Hitze in einem Topf zu hellem Karamell schmelzen. Mandelblättchen einrühren und den Krokant auf ein leicht geöltes Backblech gießen. Erkalten lassen und mit der Kuchenrolle zerdrücken.
4 14 Stücke markieren und auf jedes Stück einen Buttercremetupfen setzen. Anschließend Krokant aufsetzen.

TIPP

Bei Bedarf als Unterlage zusätzlich einen dünnen Mürbeteigboden verwenden.

Walnuss-Whiskycremetorte

Töpfercafé auf dem Bauernhof - Warmsen

Zutaten

Teig

6 Eier
175g Zucker
145g Dinkelmehl
40g Kartoffelmehl
1 Päckchen Backpulver

Füllung

1 Liter Sahne
200g Raspelschokolade
150g Krokant
Popcorn

Garnitur

Schokoladenglasur
grüne Marzipanblätter

Zubereitung

Boden

1 Bei allen Eiern das Eigelb vom Eiweiß trennen.
2 Das Eiweiß steif schlagen. Danach Zucker und Eigelb kurz unterrühren.
3 Dinkel-, Kartoffelmehl und Backpulver unterheben.
4 Den Teig in eine mit Backpapier ausgelegte 28er Springform geben und bei 170°C (E-Herd) ca. 60 Minuten bzw. bei 150°C (Umluft) ca. 50 Minuten backen.
5 Nach dem Abkühlen den Boden einmal waagerecht durchschneiden.

Weiterverarbeitung

1 Die Sahne steif schlagen.
2 Raspelschokolade und Krokant mit dem Schneebesen unterrühren.
3 Den unteren Boden mit etwa der Hälfte dieser Sahnecreme bestreichen und mit der zweiten Bodenhälfte bedecken.
4 Darauf den Rest der Sahnecreme verstreichen.
5 Mit einem Esslöffel Unebenheiten in die obere Sahnecremeschicht drücken, etwas Popcorn darüber streuen und mit in einem Wasserbad erhitzter Schokoladenglasur verzieren.
6 Kurz vor dem Verzehr mit grünen Marzipanblättern dekorieren.

Warmser Moortorte

Zutaten

Biskuitteig

125g Butter
100g Zucker
2 Eier
70g Mehl
70g Speisestärke
1 EL Kakao
1 TL Backpulver
1 Messerspitze Zimt oder Lebkuchengewürz
150g dunkle Kuvertüre
150 ml Sahnelikör (z.B. Baileys)

Füllung

750g Sahne
6 Baiserschalen

Dekoration

Kakao
Haselnusskrokant

Zubereitung

Biskuitteig

1 Butter und Zucker miteinander vermischen und cremig schlagen.
2 Eier nacheinander unterrühren.
3 Mehl, Speisestärke, Backpulver und Gewürz unterrühren.
4 In eine gefettete Springform (26 cm) füllen.
5 Im vorgeheizten Backofen bei 150 Grad 30 Minuten backen.

Weiterverarbeitung

1 Die Kuvertüre schmelzen und die Unterseite des abgekühlten Tortenbodens damit bestreichen.
2 Die Glasur trocknen lassen und den Boden mit der Schokoladenseite nach unten auf eine Tortenplatte setzen.
3 Die Oberseite mit einer Gabel mehrmals einstechen und mit 150 ml Sahnelikör beträufeln.
4 Den Tortenboden über Nacht durchziehen lassen.
5 Für die Füllung Sahne steif schlagen und auf dem Boden verteilen.
6 Baiserschalen grob zerbröseln und auf der Sahne verteilen.
7 Nach Geschmack die Torte mit etwas gesiebtem Kakao und Haselnusskrokant bestreuen.

TIPP

Bei Bedarf als Unterlage zusätzlich einen dünnen Mürbeteigboden verwenden und diesen mit Preiselbeermarmelade bestreichen.

Wintertorte

Moorriemer Landcafé - Elsfleth

Zutaten

Tortenboden

6 Eier
350g Zucker
375g Mehl
1 Päckchen Backpulver
1/8 Liter Speiseöl
2 EL Kakaopulver

Schokosahne

1 Liter Schlagsahne
2 ½ Tafeln Vollmilch-Schokolade
1 Tafel Zartbitter-Schokolade

Verzierung

Schokoladenraspel
200 ml Schlagsahne

Zubereitung

Tortenboden

1. Die Eier trennen
2. Eigelb, 1/8 Liter kaltes Wasser und 175g Zucker mit dem Schneebesen des Handrührgerätes schaumig rühren (ca. 10 Minuten).
3. Mehl, Backpulver und Speiseöl unter dieses aufgeschlagene Eigelb rühren.
4. Das Eiweiß und den restlichen Zucker steif schlagen und mit dem Schneebesen unter den Teig heben.
5. Eine Hälfte des Teiges in eine zweite Schüssel geben und 2 Esslöffel Kakao unterrühren.
6. Eine 28er Springform mit Backpapier auslegen und abwechselnd hellen und dunklen Teig löffelweise genau aufeinander in die Mitte der Form füllen.
7. Im vorgeheizten Backofen bei 175°C etwa 60 Minuten backen.

Schokosahne

1. Die Schokolade in Stücke brechen.
2. Einen Liter Schlagsahne erwärmen, die gesamte Schokolade darin schmelzen, in eine Rührschüssel geben und über Nacht kalt stellen.

Weiterverarbeitung

1. Nach dem Abkühlen den Boden zweimal waagerecht durchschneiden.
2. Die Schokosahne steif schlagen.
3. Zwei Böden mit je einem Viertel der Sahne bestreichen.
4. Alle Böden aufeinander setzen.
5. Die Torte komplett mit dem Rest der Sahne bestreichen.

Verzierung

1. 200 ml Sahne steif schlagen.
2. Mit einem Spritzbeutel Sahnetupfen auf die Torte geben und mit Schokoraspeln verzieren.

Zebratorte

Café „Zur Elbe" - Darchau

Zutaten

Teig

4 Eier
250g Zucker
125g Weizenmehl
125g Kartoffelmehl
1 ½ TL Backpulver
250g Margarine

Füllung

2 Eier
1 Tasse Zucker
3 TL Kartoffelmehl
2 unbehandelte Zitronen
2 Tassen Wasser
50g Butter

Dekoration

150g Puderzucker
1 Zitrone
1 Päckchen Gelee-Zitronen

Zubereitung

Teig

1 Eier und Zucker so lange schaumig rühren, bis der Zucker vollständig gelöst ist.
2 Mehl, Kartoffelmehl und Backpulver unterrühren.
3 Die Margarine bei kleiner Flamme zum Kochen bringen.
4 Die kochende Margarine zum Teig dazugeben.
5 Den Teig in einer mit Backpapier ausgelegten 28er Springform etwa 40 Minuten bei 175°C abbacken.

Weiterverarbeitung

1 Von einer Zitrone die Schale dünn abraspeln und beide Zitronen auspressen.
2 Eier, Zucker und Kartoffelmehl in einem Kochtopf gut verrühren.
3 Den Zitronensaft mit der abgeraspelten Schale und den restlichen Zutaten dazugeben und unter ständigem Rühren zum Kochen bringen.
4 Den erkalteten Boden dreimal waagerecht durchschneiden.
5 Eine Scheibe des Bodens auf eine Tortenplatte legen und mit einem Drittel der Masse bestreichen.
6 Mit dem zweiten Boden zudecken und wieder mit der Zitronencreme bestreichen.
7 Die dritte Tortenscheibe auflegen und den Vorgang wiederholen.
8 Mit der vierten Tortenboden-Scheibe zudecken.

Dekoration

1 Den Puderzucker sieben und in eine Schüssel geben.
2 Die Zitrone auspressen.
3 Den Zitronensaft in kleinen Portionen mit dem Puderzucker verrühren, bis kein trockener Zucker mehr übrig ist.
4 Mit diesem Zitronenguss die Torte ringsum bestreichen.
5 Die Torte nach Belieben mit gezuckerten halben oder geviertelten Gelee-Zitronen garnieren.

Zitronentorte

Gutscafé zur Wildente - Sarstedt - Giften

Zutaten

Dünner Mürbeteig

50g Puderzucker
100g Butter
150g Mehl
1 Prise Salz
1 Päckchen Vanillinzucker
einige Tropfen „Backöl Zitrone"
Orangenmarmelade

Biskuitrolle

6 Eier
175g Zucker
150g Mehl
90g Butter
Orangenmarmelade

Heller Biskuit

6 Eier
170g Zucker
5 EL kochendes Wasser
1 Päckchen Vanillinzucker
1 Prise Salz
100g Mehl
75g Speisestärke

Zitronencreme

120g Zitronensaft
120g Zucker
10g geriebene Zitronenschale (unbehandelt)
50g Eigelb
15g Weizenpuder

Zitronen-Buttermilch-Sahne

½ Liter Buttermilch
170g Zucker
7 EL Zitronensaft
6 Blatt Gelatine
750g Sahne

Zubereitung

Dünner Mürbeteig

1 Die kalte Butter mit Puderzucker, Vanillinzucker, Salz und Zitronenaroma in einer Schüssel oder auf der Tischplatte verkneten. Dann erst das Mehl zugeben. Je schneller man mit den Händen arbeitet, desto schöner wird der Teig.
2 Den Teig bis zur Weiterverarbeitung mindestens ½ Stunde kühl stellen.
3 In eine ungefettete Springform geben und auf dem Boden leicht andrücken. Einige Male mit der Gabel einstechen. Boden bei 170°C (Umluft) in 12 – 14 Minuten goldgelb backen.
4 Den fertigen Boden mit Orangenmarmelade bestreichen und einen Tortenring um den Boden stellen.

Biskuitrolle

1 Ein Backblech mit Backpapier auslegen.
2 Eigelb mit 120g Zucker und Butter aufschlagen.
3 In einer anderen Schüssel Eiweiß mit dem restlichen Zucker aufschlagen. Eischnee unter die Eigelbmasse ziehen. Gesiebtes Mehl dazugeben.
4 Diese Biskuitmasse auf dem Backblech glatt streichen. Im vorgeheizten Backofen (180°C) 10 – 12 Minuten goldgelb backen.
5 Die heiße Teigplatte auf ein mit Zucker bestreutes Küchentuch stürzen.
6 Die gesamte Papierfläche mit kaltem Wasser einpinseln, damit nichts am Teig kleben bleibt. Das Backpapier vorsichtig abziehen.
7 Die Teigplatte sofort aufrollen, weil sie jetzt warm und noch elastisch ist. Das Küchentuch an der Breitseite hochziehen, der Biskuit rollt sich so fast von selbst ein. Die Teigrolle endgültig auskühlen lassen.
8 Zum Füllen die Rolle wieder ausbreiten. Die Teigplatte mit der Orangenmarmelade bestreichen, zusammenrollen, in Scheiben schneiden und als Rand um den Mürbeteig setzen.

Heller Biskuit

1 Backofen auf 175°C vorheizen.
2 Eigelb mit 120g Zucker, Vanillinzucker, Salz und dem heißen Wasser aufschlagen. Die Masse muss sehr weiß sein.
3 In einer anderen Schüssel Eiweiß aufschlagen und den restlichen Zucker nach und nach einrieseln lassen. Eischnee unter die Eigelbmasse ziehen. Gesiebtes Mehl und Speisestärke kurz unterheben.
4 Den Boden in einer Springform mit Backpapier auslegen, Teig einfüllen und 45 – 50 Minuten backen (170 °C).
5 Den fertigen Boden zweimal waagerecht durchschneiden.

Zitronen-Buttermilch-Torte

Zitronencreme

1 Alle Zutaten mischen.
2 Das Ganze kurz aufkochen und dabei ständig rühren, damit die Masse nicht anbrennt.

Zitronen-Buttermilch-Sahne

1 Die aufgelöste Gelatine mit der Buttermilch, dem Zitronensaft und dem Zucker vermengen.
2 Wenn die Masse beginnt fest zu werden, 750g geschlagene Sahne unterheben.

Weiterverarbeitung

1 Den ersten mit Zitronen-Creme bestrichenen Biskuitboden auf den mit Orangenmarmelade bestrichenen Mürbeteigboden setzen und mit einer zweiten Biskuitplatte zudecken.
2 Diese mit Zitronen-Buttermilch-Sahne bestreichen, dritten Biskuitboden aufsetzen, die restliche Zitronen-Buttermilch-Sahne darauf verstreichen und mit Sahnetupfen und Zitronenschale verzieren.

Bauernhofcafé In´t Hürhus - Emsbüren

Zutaten

1. Biskuitteig

150g Zucker
5 Eier
5 EL heißes Wasser
1 Päckchen Vanillinzucker
100g Weizenmehl
50g Speisestärke
1 TL Backpulver

2. Biskuitteig

100g Zucker
50g Weizenmehl
2 Eier
2 EL heißes Wasser
50g Speisestärke
½ TL Backpulver
250g Himbeergelee

Füllung

5 unbehandelte Zitronen
100g Zucker
6 Blatt weiße Gelatine
800g Schlagsahne

Zubereitung

1. Biskuitteig

1. Eier, heißes Wasser, Zucker und Vanillinzucker schaumig schlagen.
2. Die Speisestärke, das Weizenmehl und das Backpulver vorsichtig unterheben.
3. Ein Backblech mit Backpapier auslegen und den Teig darauf streichen.
4. Bei 200 bis 220°C etwa 10-15 Minuten backen.
5. Die Biskuitplatte sofort nach dem Backen stürzen, Backpapier ablösen und mit neuem Backpapier von der langen Seite her aufrollen und erkalten lassen.
6. Wieder auseinander rollen. Mit Himbeergelee bestreichen und erneut einrollen.

2. Biskuitteig

1. Den Teig wie den ersten Biskuitboden zubereiten.
2. Diesen Teig in einer 28er Springform bei 200°C ca. 10 bis 12 Minuten backen.

Füllung

1. Die Zitronen auspressen und den Saft mit dem Zucker vermischen.
2. Die Gelatine nach Vorschrift auflösen und den Zitronensaft hinein geben.
3. Die Sahne steif schlagen und unter die Zitronenmasse ziehen.

Weiterverarbeitung

1. Die Biskuitrolle in 1 cm dicke Scheiben schneiden und eine Kuppelform oder eine ähnliche halbrunde Schüssel damit auskleiden.
2. Die Zitronensahne einfüllen.
3. Den Biskuitboden auflegen und etwa 2 Stunden kühlen.
4. Nun kann die Charlotte gestürzt werden.

Zitronen-Charlotte

Lüßmann's Hof - Hambühren

Zutaten

Biskuit

2 Eier
80g Zucker
25g Mehl
25g Stärkemehl
25g gemahlene Mandeln
1 TL Backpulver

Füllung 1

500g Quark
250g Mascarpone
5 EL Zucker
1 EL Vanillinzucker
etwas Zitronensaft
3 EL Mohn
7 Blatt Gelatine
375g Preiselbeeren
250g Sahne

Füllung 2

2 Eier
2 EL Zucker
Saft von 1 Zitrone
2 EL Wein
3 Blatt Gelatine
100g Sahne

Zubereitung

Biskuit

1. Eier trennen.
2. Eiweiß mit Zucker zu festem Eischnee schlagen und danach das Eigelb unterziehen.
3. Stärke, Mehl, Mandeln und Backpulver unterheben.
4. In eine mit Backpapier ausgelegte 28er Springform füllen, glatt streichen und bei 160°C Umluft ca. 20 Minuten backen.

Füllung 1

1. Blattgelatine einweichen und auflösen.
2. Quark, Mascarpone, Zucker, Vanillinzucker und Zitronensaft verrühren.
3. Erst den Mohn und dann die aufgelöste Gelatine unterziehen.
4. Etwas fest werden lassen, dann die geschlagene Sahne unterheben.

Weiterverarbeitung

1. Den Biskuitboden mit dem Tortenrand der Springform umschließen.
2. Die Hälfte der Quark-Mohn-Sahne auf den Boden geben, dann die Preiselbeeren auf der Quarkmasse verteilen.
3. Die restliche Quarkmasse auf die Preiselbeeren geben.
4. Mindestens 2 Stunden im Kühlschrank fest werden lassen.

Füllung 2 - Zitronencreme

1. Eier trennen. Aus dem Eiweiß Eischnee schlagen und beiseite stellen.
2. Eigelb und Zucker schaumig schlagen. Zitrone und Wein hinzugeben.
3. Die aufgelöste Gelatine einrühren. Etwas dicklich werden lassen, dann die steif geschlagene Sahne und den Eischnee darunterziehen.
4. Die Zitronencreme auf die Quarkcreme streichen.
5. Mit Sahne und etwas Abrieb von der Zitrone garnieren.

Zitronen-Preiselbeer-Mohn-Torte

Irmgards Terrassencafé - Ahlerstedt/Ottendorf

Zutaten

Mandelboden

75g gehackte Mandeln
75g Butter
75g Zucker
75g Mehl

Biskuitteig

4 frische Eier
200g Zucker
1 Päckchen Vanillinzucker
100g Maizena (Maismehl)
100g Mehl
1 Päckchen Backpulver

Zitronencreme

2 frische Eier
1 Eigelb
1 TL Butter
100g Zucker
Saft von 2 Zitronen

Füllung & Garnitur

100g Mandelplättchen
½ Glas Aprikosenmarmelade
1 Liter Sahne
Butter
Zucker

Zubereitung

Mandelboden

1 Alle vorgegebenen Zutaten miteinander verkneten und 2 Stunden kalt stellen.
2 Den Teig ausrollen und bei 160°C Heißluft in einer mit Backpapier ausgelegten 28er Springform etwa 30 Minuten backen. Danach 2 Stunden kalt stellen.

Biskuitteig

1 Eier und Zucker mit einem Mixer oder Schneebesen so lange schaumig rühren, bis der Zucker vollständig aufgelöst ist.
2 Die restlichen Zutaten vorsichtig unterrühren.
3 In einer mit Backpapier ausgelegten 28er Springform bei 160°C Heißluft ca. 30 Minuten backen.
4 Den Boden erkalten lassen und dann zweimal waagerecht durchschneiden.

Weiterverarbeitung

1 Alle Zutaten im Topf verrühren, unter ständigem Rühren kurz aufkochen und die Zitronencreme dann abkühlen lassen.
2 Die Mandelplättchen in etwas Butter und Zucker in einer Pfanne rösten.
3 Den Mandelboden dünn mit Aprikosenmarmelade bestreichen und eine Biskuitbodenscheibe auflegen.
4 Die Sahne steif schlagen und einen Teil davon auf dem Biskuit verstreichen.
5 Dann die Hälfte der Zitronencreme darauf verteilen und mit der zweiten Biskuit-Scheibe zudecken.
6 Darauf wieder einen Teil der Sahne verstreichen, mit der dritten Biskuitscheibe zudecken.
7 Diese zuerst wieder mit Sahne und dann mit der zweiten Hälfte der Zitronencreme bestreichen.
8 Den Rand mit etwas Sahne bestreichen und mit gerösteten Mandelplättchen verzieren.
9 Die Torte oben mit Sahnetupfen und Dekorplättchen verzieren.

Zitronen-Sahne-Torte

Mühlencafé Oldendorf - Zeven-Oldendorf

Zutaten

Mandelboden

75g Mehl
75g Fett
75g Zucker
75g gehackte Mandeln
1 TL Vanillezucker
1 Messerspitze Backpulver
Zitronenschale

Grießbiskuit

3 Eier (Größe L)
2 EL heißes Wasser
100g Zucker
1 TL Vanillezucker
80g Weizenmehl
1½ TL Backpulver
80g Grieß

Vanilleflammeri

¼ Liter Milch
2 gestrichene EL Vanillepuddingpulver
1 EL Zucker
1 Prise Salz

Zwetschenmasse

1 Glas (700g) Zwetschen mit Flüssigkeit
2 EL Zucker
1 gestrichener TL Zimt
1 Päckchen Vanillepuddingpulver

weitere Zutaten

3 cl Zwetschenbrand
1 Liter geschlagene Sahne
1 TL Vanillezucker
1½ TL Zimt
einige Zwetschen zum Garnieren

Zubereitung

Mandelboden

1 Alle Zutaten miteinander verkneten.
2 In eine mit Backpapier ausgelegte 28er Springform ausrollen.
3 Bei 200°C etwa 12 bis 15 Minuten backen.

Grießbiskuit

1 Die Eier mit dem heißen Wasser schaumig schlagen.
2 Den Zucker und Vanillezucker dazugeben und alles weiter schlagen, bis eine cremige Masse entsteht.
3 Danach vorsichtig das mit Backpulver vermischte und gesiebte Mehl und den Grieß unterziehen.
4 In einer mit Backpapier ausgelegten 28er Springform bei 160°C bis 170°C etwa 30 bis 35 Minuten backen.

Vanilleflammeri

1 Etwas von der Milch abnehmen und mit dem Vanillepuddingpulver verrühren.
2 Den Rest der Milch mit dem Zucker und dem Salz aufkochen und das angerührte Pulver einrühren.
3 Flammeri gut abkühlen lassen, dabei kräftig umrühren.

Zwetschenmasse

1 Die Zwetschen mit dem Zucker und dem Zimt aufkochen.
2 Anschließend das Vanillepuddingpulver einrühren und aufkochen lassen.
3 Alles gut abkühlen lassen.

Weiterverarbeitung

1 Die Sahne steif schlagen und mit dem Vanillezucker und dem Zimt vermischen.
2 Auf den Mandelboden das Vanilleflammeri streichen.
3 Den Grießbiskuit zweimal waagerecht durchschneiden.
4 Den untersten Grießboden auf den mit Vanilleflammeri bestrichenen Mandelboden setzen und mit der Hälfte des Zwetschenbrandes beträufeln.
5 Als nächstes die Zwetschenmasse darauf verteilen.
6 Dann mit einem Drittel der Zimt-Sahne bestreichen und den mittleren Grießboden aufsetzen.
7 Den Boden mit dem restlichen Zwetschenbrand beträufeln und mit einem weiteren Drittel der Zimt-Sahne bestreichen.
8 Nun den obersten Grießboden auf die Torte setzen und mit dem letzten Drittel der Zimt-Sahne die Torte bestreichen und garnieren.

Zwetschen-Zimt-Sahne-Torte

Kiek mol wedder in

Die Einladung, mal wieder vorbei zu schauen, haben wir wenigstens bei einem Dutzend der von uns besuchten Land- und Hofcafés zwischen Stade und Goslar, Emden und Uelzen in der einen oder anderen Form gelesen – mal ins Holz gebrannt, mal in Zinn gegossen oder auch als kleines emailliertes Schild über der Eingangstür. Uns musste man diese Botschaft nicht mit auf den Weg geben, wir kieken auf jeden Fall mol wedder in.

Mitte der 80er Jahre entstanden die ersten dieser besonderen Konditoreien auf dem Lande. Da hatten bereits einige Landwirte - zumeist ihre engagierten Frauen - mit dem Verkauf eigener Produkte ab Hof ein zweites Standbein gefunden, um ein Zuwenig an Milch- oder sonstigen Quoten durch zusätzliche Einnahmen ausgleichen zu können. Andere suchten noch nach einer solchen Möglichkeit und probierten es schließlich mit selbstgebackenem Kuchen und eigenen Torten in der dafür hergerichteten Guten Stube des Bauernhauses. Oder in einem zum idyllischen Hofcafé umgebauten Stall.

All das haben wir auf unserer Überlandfahrt durch Niedersachsen gesehen: Umgebaute Gute Stuben und Cafés in nicht mehr benötigten Kuh-, Schaf- oder Ziegenställen, in rekonstruierten Remisen und perfekt instand gesetzten Scheunen, in angebauten Veranden und lichtdurchfluteten Gartenhäusern. Und auch eine uralte Wassermühle, der Bauersfrauen nach langem Dornröschenschlaf gemeinschaftlich süßes Leben einhauchten.

Wer über Jahre mit Kaffee und Torte erfolgreich sein „Brot" dazu verdient, braucht nicht nur Freude und Fähigkeiten am Herd und an der Buttercreme-Schüssel. Denn das

Geschäft kann sehr schnell in viel, viel Arbeit ausarten. Dann nämlich, wenn die ersehnten Gäste wirklich kommen. Zu Fuß, mit dem Rad oder Auto, manche sogar hoch zu Roß oder gleich vierdutzendweise im Reisebus.

Zehn, fünfzehn Torten sind für viele dieser Land- und Hofcafés der normale Wochenend-Schnitt. Manche backen und dekorieren auch schon mal 20 oder sogar 30 Torten zwischen Samstagfrüh und Sonntagabend. Und oft genug ganz allein in Familie. Da muss die Oma mit ran – die freut sich meistens, dass sie noch gebraucht wird – und der Opa ebenfalls. Töchter und Söhne sowieso, manchmal sogar der akademisch vorgebildete Fast-Schwiegersohn (der praktischen Prüfung wegen…), hier und da bereits das Enkelkind.

Aber selbst dieser kollektive Einsatz ist noch lange kein Garant für dauerhaften Erfolg einer solch artfremden Unternehmung. Erst wenn sich Fleiß mit der Fähigkeit paart, jedermann zu jeder Zeit freundlich zu verwöhnen, kann es funktionieren. Das fiel manchem gelernten Bauern nicht leicht. Schließlich war es der Kuh egal, mit welchem Bein der Herr aus dem Bett gestiegen ist. Dem 300 pferdestarken Hightech-Schlepper sowieso. Aber dem Städter, der zum Frischeluftschnappen über Land radelt und seine gerade abgestrampelten Kalorien wieder auffüllen will, eben nicht. Der erwartet nette bodenständige Leute, die ihm einen echten Bohnenkaffee mit einem tollen Tortenstück servieren und darüber hinaus noch ein freundliches Wort auf den Weg.

Genau solchen gastfreundlichen Haupt- und Nebenerwerbsbauern mit ihren Familien sind wir begegnet. Damit auch Sie den Weg zu ihnen finden, geben wir auf den folgenden Seiten preis, was wir den Visitenkarten entnommen haben. Und wir sind sicher: Wenn Sie erst einmal dort gewesen sind, kieken Sie bestimmt auch mol wedder in.

Hans-Dieter Lucas

Niedersachsen

Land- & Hof-Cafés (Nr. 01 bis 20)

01| Gartencafé auf dem Bauernhof
Achter´d Toorn 12
26844 Hatzum
Fon: 04902-91 29 20 Fax: 04902-91 29 21

02| Landcafé Neumann
Wiefelsted er Straße 12
26160 Bad Zwischenahn
Fon: 04403-5 96 79 Fax: 04403-93 94 38
www.landcafe-neumann.de

03| Bauernhof-Café Janßen
Pantinenweg 4
26180 Rastede-Hostemost
Fon: 04402-8 38 70 Fax: 04402-59 88 25
www.moorriemerlandcafe.de

04| Moorriemer Landcafé
Bardenfleth 39a
26931 Elsfleth
Fon: 04485-46 26 66 Fax: 04485-46 29 18
www.moorriemerlandcafe.de

05| Landfrauen-Café Eitzmühlen
Eitzte Nr. 4
27446 Selsingen/Lavenstedt
Fon: 04284-92 72 62 Fax: 04762-82 53
www.landfrauen-cafe.de

06| Irmgard`s Terrassen-Café
Rickstücken 2
21702 Ahlerstedt/Ottendorf
Fon: 04166-2 87 Fax: 04166-83 36
www.irmgards-hofcafe.de

07| Mühlencafé Oldendorf
Eichenstraße 22
27404 Zeven-Oldendorf
Fon: 04281-31 41 Fax: 04281-26 79
www.muehlencafe-oldendorf.de

08| Café „Hof Blanken"
In der Bredenau 19
28870 Fischerhude
Fon: 04293-3 98 Fax: 04293-789 00 47
www.cafe-hof-blanken.de

09| Akazien Café
Am Eichkamp 17
27367 Sottrum
Fon: 04264-4 01 Fax: 04264-82 19 43

10| Café im Backhaus
Groß Henstedt 8
27211 Bassum
Fon: 04241-26 23 Fax: 04241-97 02 48

11| Allerhof
Lindenallee 4
27336 Frankenfeld/Bosse
Fon: 05165-567 Fax: 05165-12 22
www.hotel-allerhof.de

12| Kaffeestube Idensen
Niengraben 2
31515 Wunstorf-Idensen
Fon: 05723-98 13 29 Fax: 05723-98 13 22

13| Eggelmann's Hofcafé
Dorfstraße 31
31683 Obernkirchen
Fon: 05724-73 90 Fax: 05724-91 48 60
www.hofcafe-eggelmann.de

14| Hofcafé „Straußenei"
Düdinghausen 11
31595 Steyerberg
Fon: 05764-9 31 14 Fax: 05764-9 31 16
www.duxen.de

15| Bauerncafé Hof Frien
Höfen Nr. 13
31600 Uchte
Fon: 05763-15 90 Fax: 05763-9 31 72
www.hoffrien.de

16| Töpfercafé auf dem Bauernhof
Walshorsterstraße 16
31606 Warmsen
Fon: 05767-16 84 Fax: 05767-9 41 90 69

17| Café Hof Uffenbeck
Borgholzhausener Straße 170
49326 Melle-Küingdorf
Fon: 05428-12 47 Fax: 05428-29 77
www.hof-uffenbeck.de

18| Imelda's Stubencafé
Dalinghausen 11
49401 Damme
Fon: 05491-78 10 Fax: 05491-80 10

19| Hof Elting-Bußmeyer
Vehser Straße 7
49635 Badbergen
Fon: 05433-2 79 Fax: 05433-13 67
www.hof-elting.de

20| Bauernhofcafé In 't Hürhus
Mehringen 19 a
48488 Emsbüren
Fon: 05903-65 60 Fax: 05903-65 69
www.bauernhofcafe-emsbueren.de

Stade
Bremerhaven
06
05
07
03
04
Bremen
02
Oldenburg
08
09
Rotenburg
Cloppenburg
10
11
Nienburg
19
15
14
12
18
16
Hannover
Osnabrück
17
13
Hameln

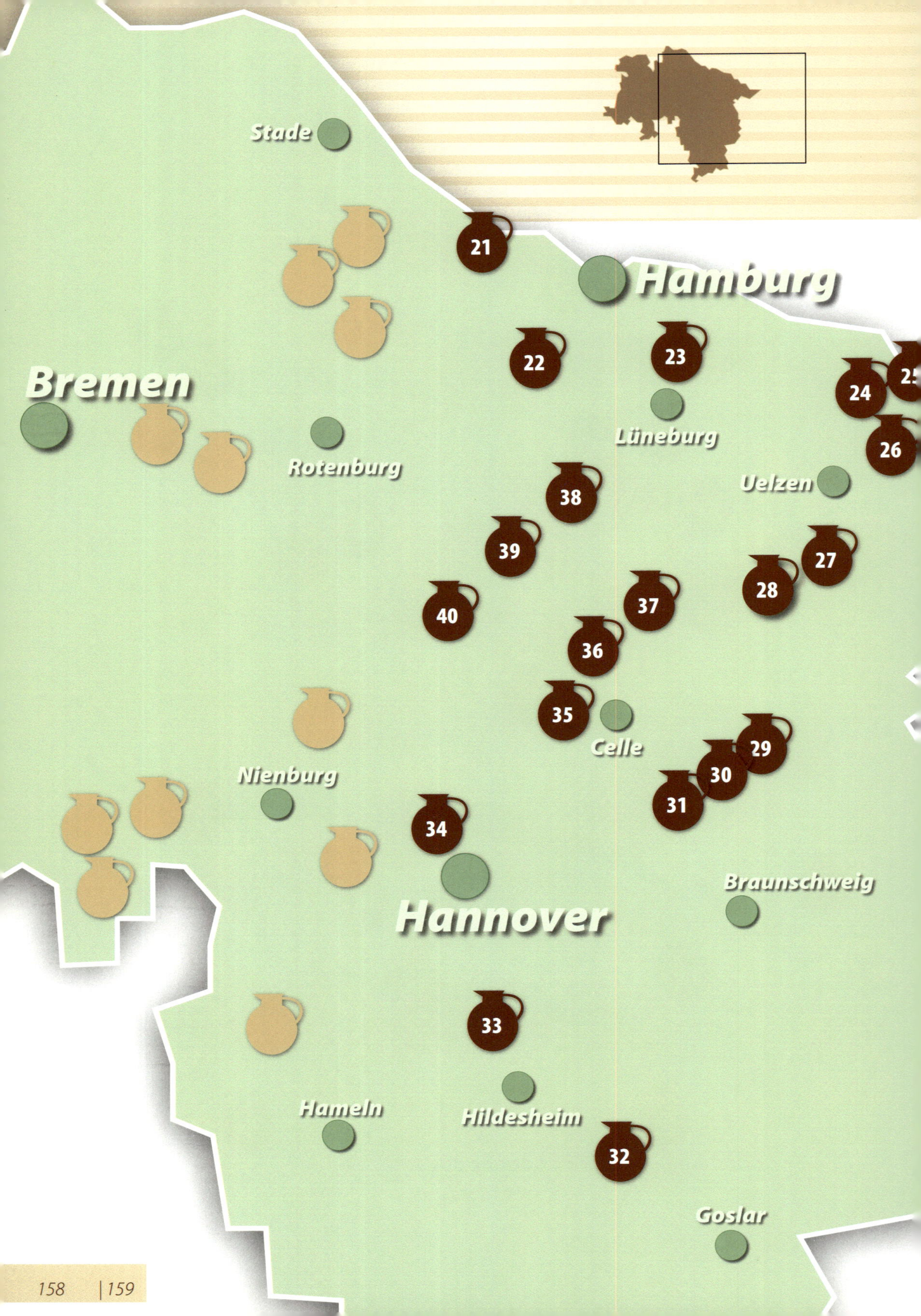

Stade
21
Hamburg
22
23
Bremen
24
25
26
Lüneburg
Rotenburg
Uelzen
38
39
27
28
37
40
36
35
Celle
29
Nienburg
30
31
34
Braunschweig
Hannover
33
Hameln
Hildesheim
32
Goslar

Niedersachsen

Land- & Hof-Cafés (Nr. 21 bis 40)

21| Altländer Obsthof
Hollernstraße 97
21723 Hollern
Fon: 04141-7 07 07 Fax: 04141-7 66 26
www.altlaenderobsthof.de

22| Kaffeedeel
Gr. Ippensen 33
27419 Vierden
Fon: 04282-42 72/-25 37 Fax: 04282-14 01

23| Hofcafé Marschendeel
Hundener Straße 21
21423 Drage-Hunden
Fon: 04179-7 55 78 39 Fax: 04179-75 95 51

24| Café Michelshof
Wiesenweg 4
21354 Walmsburg
Fon: 05853-2 92 Fax: 05853-3 32
www.cafemichelshof.de

25| Café "Zur Elbe"
Hauptstraße 9
19273 Darchau
Fon: 038841-2 07 81 Fax: 038841-6 12 60

26| Selliener Dielen-Café
Sellien Nr. 1
29499 Zernien
Fon: 05863-2 83 Fax: 05863-18 37

27| Café Bornbachtal
Hauptstraße 10
29596 Stadensen
Fon: 05802-12 77 Fax: 05802-97 05 07
www.bornbachtal.de

28| Heide-Café Bartels
Zur Günne 16
29365 Bokel
Fon: 05837-3 59 Fax: 05837-98 09

29| Ramme´s Hofcafé
Im Schönen Winkel 4
38524 Westerbeck
Fon: 05371-6 14 54 Fax: 05371-6 11 16

30| Landcafé Neubokel
Alter Kirchweg 2 a
38518 Gifhorn-Neubokel
Fon: 05371-1 35 33 Fax: 05371-1 35 34

31| Café Büerneike
Hauptstraße 12
38542 Leiferde
Fon: 05373-45 16 Fax : 05373-33 06 62

32| Annes Bauerncafé
Im Dorfe 9
38729 Lutter - Nauen
Fon: 05383-15 60 Fax : 05383-94 68
www.annes-bauerncafe.de

33| Gutscafé zur Wildente
Giftener Straße 9
31157 Sarstedt - Giften
Fon: 05066-98 48 33 Fax : 05066-98 48 34
www.gutscafe-zur-wildente.de

34| Café Luise
Eilveser Hauptstraße 45
31535 Neustadt-Eilvese
Fon: 05034-32 06 Fax: 05034-9 20 21
www.biermanns-hof.de

35| Lüßmann´s Hof
Im Dorfe 9
29313 Hambühren
Fon: 05084-53 43 Fax: 05084-42 68
www.luessmannshof.de

36| Landcafé Feuerschütz
Feuerschützenbostel 2
29303 Bergen
Fon: 05054-87 04 Fax: 05054-87 03
www.rsg.feuerschuetz-eversen.de

37| Bauerncafé Ole Müllern Schün
Alte Dorfstraße 6
29328 Müden/Örtze
Fon: 05053-9 41 22 Fax: 05053-9 41 22
www.ole-muellernschuen.de

38| Hof-Café Bockelmann
Oberhaverbeck 1-1a
29646 Oberhaverbeck
Fon: 05198-7 73 Fax: 05198-7 75
www.hof-bockelmann.de

39| Eggershof-Café
Ellingen 15
29614 Soltau
Fon: 05191-1 42 97 Fax: 05191-1 29 86
www.eggershof.de

40| Flora Farm Ginseng-Café
Bockhorn 1
29664 Walsrode
Fon: 05162-13 93 Fax: 05162-29 39
www.florafarm.de

HADIS edition
Tolle
TORTEN
aus Land- & Hof-CAFÉs
Direkt bestellen unter:
www.tolletorten.de
SCHLESWIG-HOLSTEIN
MECKLENBURG-VORPOMMERN